De la punition à la réconciliation

Collection *Sciences criminelles*
dirigée par Robert Cario

La collection ***Sciences criminelles*** se destine à la publication de travaux consacrés à l'analyse complexe du phénomène criminel. Multidisciplinaire par définition, elle a vocation à promouvoir les réflexions critiques portées par les disciplines impliquées, dont l'angle d'approche spécifique enrichit la connaissance globale du crime, tant en ce qui concerne les protagonistes (infracteur, victime, société) que les stratégies d'intervention sociale (prévention, répression, traitement). En France comme à l'étranger.

Les contributions, émanant de chercheurs, de praticiens de la justice ou du travail social, empruntent la forme d'ouvrages de doctrine, de recherches collectives ou d'actes de rencontres scientifiques.

Deux séries complètent la Collection. Le ***Traité de sciences criminelles***, multi-auteurs, présente sous la forme de manuels les principales disciplines qui composent les sciences criminelles : philosophie criminelle, criminologie, politique criminelle, droit criminel, procédure pénale, criminalistique, médecine légale et victimologie.

Les ***Controverses*** rassemblent de courts essais sur des questions majeures de la connaissance scientifique dans le champ criminologique. En pointant leurs contradictions, (re)découvertes et zones d'ombre, les réflexions participent à une meilleure compréhension de la complexité des conduites humaines.

Derniers ouvrages parus

N. Pignoux, La réparation des victimes d'infractions pénales
P. Mbanzoulou, La médiation pénale (nouvelle édition)
A. Jafari, Droit bancaire islamique
Y-C. Quéro, La gouvernance nodale du réseau de sécurité locale
N.Y. Doumia, Le maintien de l'ordre en Côte d'Ivoire

Traité de sciences criminelles
2.1. R. Cario, Victimologie (4èd. 2012)
9. R. Cario, S. Ruiz-Vera, Droit(s) des victimes (2015)

Controverses
H. Lemaître, La prévention de la délinquance
I. Dréan-Rivette, Des sentences et des peines

V. également la collection Criminologie
J. Motte dit Falisse, F. Ludwiczak (Dir.), Du sens de la peine
C. Trotter, Le suivi des usagers involontaires

Série Champ pénitentiaire
P. Mbanzoulou, P. Pottier (Dir.), Santé et justice
S. Jacopin, J.M. Larralde, *Le droit aux visites des personnes incarcérées*

Florine JOLLIVET

De la punition à la réconciliation

Pour une justice citoyenne

L'Harmattan

5-7, rue de l'Ecole-Polytechnique, 75005 Paris

www.editions-harmattan.fr

ISBN : 978-2-343-15700-9
EAN : 9782343157009

Remerciements

Je souhaite remercier Sophie pour m'avoir sensibilisée aux enjeux de la justice pénale et donné l'opportunité de m'impliquer dans des projets.

Une attention particulière va à Marc Renart, pour m'avoir accompagnée tout au long de la réalisation de ce livre.

Merci à Stéphane Simon, de m'avoir ouvert les portes de la Justice restaurative.

Merci à l'équipe de Devenirs et Chantiers-Passerelles pour m'avoir associée à leurs actions.

Merci à Samuel Gautier et à Nicolas Ferran pour la réalisation du film « A l'air libre » qui continue de m'inspirer dans mes projets.

Merci à chacune des onze personnes qui ont accepté de m'accorder du temps pour un entretien et m'ont transmis leur passion.

Merci à Marie B pour sa relecture précieuse.

Merci à mes amis, les 3Ayiens, pour les belles années qu'on a passées ensemble.

Merci à Robin Perry, pour son regard critique, constructif et son soutien de tous les instants.

Merci à ma famille, mon père, ma mère et ma sœur qui représentent des soutiens inconditionnels dans chaque étape de ma vie.

Merci enfin à Robert Cario pour sa confiance.

Ce qu'il a fait, aurais-je pu le faire
si j'avais été dans la même situation que lui ? »

Introduction

« Toute peine prononcée devra être exécutée »[1]. En prononçant ces paroles en avril 2017, Emmanuel Macron candidat *En Marche* à la présidentielle, expose le volet sécurité de son programme en ajoutant « Aujourd'hui, une peine de moins de deux ans n'est pas appliquée. C'est incompréhensible ».

Cette dernière affirmation est fausse et alimente les contre-vérités sur le système de justice pénale, dont les limites sont largement discutées au cours de la campagne présidentielle. Les propositions qui en découlent vont, pour la majorité des candidats, dans le sens de la répression.

Emmanuel Macron sous-entend que la justice pénale est laxiste à l'égard de l'exécution des peines et remet en cause les peines alternatives, pourtant favorables à la réinsertion des détenus et donc à la lutte contre la récidive.

Cette phrase anodine révèle un sujet complexe dépourvu d'objectivité. Elle révèle un sentiment de corrélation entre incarcération des délinquants et sécurité des citoyens, l'assimilation des peines alternatives à la non-exécution des peines et la méconnaissance des enjeux de la justice pénale.

---

1. L'Observateur, « Prison : la vraie peine d'Emmanuel Macron », 28 avril 2017. Disponible sur : http://tempsreel.nouvelobs.com/presidentielle-2017/20170428.OBS8704/prison-la-vraie-peine-d-emmanuel-macron.html [Consulté le : 27-août-2017].

Si ce sujet est si ancré dans l'actualité, c'est que la justice pénale rencontre des difficultés dont témoignent les chiffres de la surpopulation carcérale, le coût de la peine d'emprisonnement et le taux de récidive. Ces différents éléments révèlent que le système de justice pénale traverse une crise d'efficacité.

La surpopulation carcérale a fait l'objet de 17 condamnations de la France par la Cour européenne des droits de l'homme (CEDH) [1] pour des conditions de détention relevant de traitements inhumains et dégradants. Le taux moyen d'occupation des prisons est de 124%, soit 69 502 détenus au 1er juin 2017 pour 54 118 places [2]. En réponse, les gouvernements successifs ont proposé la construction de nombreuses places de prison pour atteindre l'encellulement individuel. 10 000 places de prison ont été proposées par Manuel Valls en octobre 2016 et 15 000 places par Emmanuel Macron en son début de mandat. Pourtant, l'histoire a démontré que plus on construit de prisons, plus on enferme : entre 2005 et 2014, la population carcérale a augmenté proportionnellement à la construction de nouvelles places de prison, 9000 nouveaux détenus ont été incarcérés pour seulement 7000 nouvelles places, ce qui a accentué la surpopulation carcérale.

La répartition des moyens conférés à l'Administration pénitentiaire n'est pas à l'image de ses principes. L'article 130-1 du Code pénal [3] rappelle que « la peine a pour

1. Data Gueule, « Prisons : l'écrou et ses vices #DATAGUEULE 61 », 2016, https://www.youtube.com/watch?v=AtI_CQuBxlI.
2. Journée Nationale Prison, « Fiche statistique », file:///C:/Users/Florine/Documents/MASTER%203A/M2/MEMOIRE/Documentation%20ressource/JNP2017fichestatistique.pdf, 2017.
3. Légifrance, « *Code pénal - Article 130-1*, vol. 130-1 », https://www.legifrance.gouv.fr/affichCodeArticle.do?idArticle=LEGIARTI000029363615&cidTexte=LEGITEXT000006070719 [Consulté le : 27-mai-2017].

fonctions : 1° De sanctionner l'auteur de l'infraction ; 2° De favoriser son amendement, son insertion ou sa réinsertion ».

Pourtant, le budget est majoritairement consacré à la détention, au coût de construction, de fonctionnement et d'entretien des prisons, et non pas au Service Pénitentiaire d'Insertion et de Probation (SPIP) qui assure le suivi et l'accompagnement des détenus vers la réinsertion.

En 2016, le budget total des Services Pénitentiaires d'Insertion et de Probation s'élevait à 24,6 millions d'euros, soit 1,9% du budget global de l'Administration pénitentiaire. Le personnel accompagnant est en sous-effectif et donc surchargé. Un conseiller peut être amené à accompagner 130 personnes sous main de justice alors que la norme européenne préconise un nombre maximum de 60 condamnés par conseiller. Résultat, 70% de récidive dans les cinq années suivant la sortie des détenus ayant fait l'expérience d'une « sortie sèche », c'est-à-dire les détenus n'ayant bénéficié d'aucun aménagement de peine. Pour les détenus pouvant bénéficier d'une libération conditionnelle, le taux de récidive tombe à 32% [1]. La prison reste la peine de référence en France, elle est largement prononcée pour les délits qui représentent plus de 80% des condamnations, alors que la loi pénitentiaire du 24 novembre 2009 dispose « une peine d'emprisonnement sans sursis ne peut être prononcée qu'en dernier recours »[2].

Les limites visibles de notre système viennent se heurter à une baisse globale de la criminalité en France.

---

1. Data Gueule, « Prisons : l'écrou et ses vices #DATAGUEULE 61 », 2016, https://www.youtube.com/watch?v=AtI_CQuBxlI.

2. Légifrance, « *Code pénal - Article 132-24*, vol. 132-24 », Disponible sur: https://www.legifrance.gouv.fr/affichCodeArticle.do?cidTexte=LEGITEXT000006070719&idArticle=LEGIARTI000021330927&dateTexte=20120911 [Consulté le : 29-mai-2017].

En 1950 il y avait 3500 homicides par an, pour moins de 40 millions d'habitants, aujourd'hui il y a en moyenne 350 homicides par an. Le nombre de délits de violence ayant entraîné un arrêt de travail supérieur à 8 jours a baissé de 8% [1]. Il n'y a donc pas plus de violence, mais une augmentation des enregistrements de délits mineurs.

L'analyse de Didier Fassin, sociologue français auteur de *Punir, une passion contemporaine* sera reprise pour comprendre le contexte de cette crise et identifier les causes de la période répressive. Ce dernier justifie la montée de la tendance répressive par deux phénomènes complémentaires : le phénomène culturel et le phénomène politique [2].

Le phénomène culturel est la hausse de la sensibilité de la population à l'égard de l'illégalisme et notamment de la violence. Il traduit une baisse de tolérance de la société envers les comportements venant perturber l'ordre social. Une série de conflits interpersonnels qui faisaient l'objet de régulation des conflits au sein de la communauté sont aujourd'hui réglés par l'intermédiaire de la justice. Les infractions sans victime, comme l'usage de drogue et la conduite après suspension de permis sont nouvellement sanctionnées par la justice pénale. Ce phénomène agit au détriment du milieu populaire très souvent la cible de cette tendance répressive et épargne les catégories les plus aisées. Par exemple, la fraude fiscale est un délit souvent mieux accepté que le vol à l'étalage. Michel Foucault désignait déjà à l'époque de *Surveiller et Punir* en 1975, le système pénal par la formule de « guerre civile », « guerre sociale » et même « une guerre des riches contre les pauvres dans laquelle un criminel devient un ennemi social » [3]. Pour lui, le système pénal est régi par des lois

1. Fassin D., *Punir, une passion contemporaine*, Seuil, Paris, 2017.
2. Fassin D., *Punir une passion contemporaine*, Seuil, Paris, 2017.
3. Foucault M., *Surveiller et punir,* Gallimard, Paris, 1993.

qui sont elles-mêmes rédigées par des personnes à qui elles ne sont pas destinées et qui sont destinées à des personnes pour qui elles ne sont pas faites. Michel Foucault comme Didier Fassin pointent le doigt sur la différenciation et la hiérarchisation des infractions. Il y aurait deux types d'infractions, celles qui ressortent de l'illégalisme populaire et celles de l'illégalisme bourgeois. Cette catégorisation entraîne une certaine tolérance de ce qui est moralement plus acceptable, sans objectivité quant à la gravité réelle de l'acte ainsi que la nécessité de le commettre. On voit une baisse de considération des motivations de l'acte et de la volonté de nuire. Durkheim intervient dans ce sens pour montrer que la société décide de ce qui est répréhensible et fixe la hiérarchie des infractions en fonction de ce qui est socialement et moralement acceptable. « Il ne faut pas dire qu'un acte froisse la conscience commune parce qu'il est criminel, mais qu'il est criminel parce qu'il froisse la conscience commune. Nous ne le réprouvons pas parce qu'il est un crime, mais il est un crime parce que nous le réprouvons » [1]. À son sens, le contexte économique et social du pays a une très forte influence sur l'interprétation de la gravité des infractions.

Le phénomène politique est le résultat d'une réappropriation des dirigeants des questions sécuritaires. Plus la sécurité de la population paraît menacée, plus les dirigeants souhaitent diffuser une image rassurante au peuple et faire une démonstration de force vis-à-vis de la délinquance et de la criminalité. Ils anticipent les peurs des citoyens et engagent une politique répressive, à travers de nouvelles lois et de nouveaux moyens donnés aux forces de l'ordre ou à l'armée, pour donner l'illusion de contrôler le pays.

---

1. Durkheim E., *De la division du travail social,* PUF, coll. Quadrige, 1991.

Didier Fassin explique que l'addition des phénomènes politique et culturel a provoqué le durcissement du droit pénal et du système pénitentiaire. Progressivement, on a assisté à l'incrimination de faits qui ne l'étaient pas et l'aggravation des sanctions pour les délits existants.

L'incrimination des faits qui ne l'étaient pas s'est manifestée entre 2002 et 2012, période au cours de laquelle la population carcérale a augmenté de 20% et où on a vu apparaître l'inscription de nouveaux délits dans le code de procédure pénale. Au cours de cette période, vingt-neuf lois pénales ont été votées pour ouvrir de nouvelles voies derrière les barreaux. Dans le cadre de la lutte contre l'insécurité routière, les délits routiers ont connu une forte pénalisation ces dix dernières années. Les infractions concernant la conduite après suspension de permis ont été multipliées par 3,5 et ont donné lieu à trois mille condamnations à la prison ferme. D'autres délits ont été inscrits dans le droit pénal, donnant lieu à des peines d'emprisonnement comme le racolage passif, la mendicité agressive et la vente à la sauvette.

L'aggravation des sanctions pour des délits existants s'est d'abord manifestée par une augmentation de la durée de l'incarcération. En France les peines planchers instaurées sous Sarkozy en 2007 dans le cadre de la loi Dati sur la récidive, c'est-à-dire l'obligation pour le juge de prononcer une peine qui ne peut être inférieure à un seuil minimal, ont matérialisé l'aggravation des délits existants. Ces peines planchers ont fait passer de 8 mois à 11 mois la durée moyenne d'emprisonnement en France. Elles ont été supprimées à partir du 1er octobre 2014 par la loi relative à l'individualisation des peines, mais le phénomène a perduré. L'aggravation des sanctions s'est également manifestée par une plus forte tendance à incarcérer pour des actes ne faisant pas l'objet d'emprisonnement auparavant.

La pénalisation accrue du législateur explique en partie le durcissement des peines. Ajouté à cela, on observe que les juges ont très souvent recours à la peine d'emprisonnement au détriment des peines alternatives. Pourtant, en 2012, 96% des condamnations en attente d'exécution étaient inférieures à 2 ans, soit réalisables à l'extérieur des prisons. Les peines alternatives à la prison ont dernièrement été favorisées par le législateur le 15 août 2014, dans le cadre de la loi sur l'individualisation des peines. Cette loi a créé une nouvelle peine, la contrainte pénale, pour les délits qui encourent à une peine d'emprisonnement de moins de 5 ans. La contrainte pénale confère un ensemble d'interdictions et d'obligations au détenu et engage un processus de réinsertion. Pourtant, elle fut appliquée uniquement 85 fois par mois en 2014, contre 10 200 peines de prison par mois la même année. Les juges subissent une forte pression de la part de la société et du gouvernement et ne disposent pas assez de moyens nécessaires pour prononcer des peines alternatives, les Services pénitentiaires d'Insertion et de Probation (SPIP), en charge d'appliquer les peines alternatives, étant surchargés.

Pour conclure cette introduction, il convient de revenir sur l'analyse du moment punitif de Didier Fassin. Selon lui il « correspond à cette conjoncture singulière où la solution devient le problème ». En d'autres termes, l'auteur remet en cause la peine telle qu'elle est appliquée aujourd'hui et la rend responsable de nombreuses dérégulations dans la société, et notamment de la récidive. Face aux déviances vis-à-vis des normes sociétales, la société met en place des réponses qui permettent d'arrêter le désordre et de prévenir les potentielles déviances à venir. La sanction proposée pour contrer ces déviances, s'impose donc comme une solution utile et efficace pour faire face aux problèmes. Le moment punitif semble inverser cette tendance, puisque le châtiment n'apparaît plus comme étant la solution, mais comme étant le problème. Il crée une réponse inefficace et inutile, qui provoque des dérégulations et met en péril l'ordre public, qu'il souhaitait protéger. « Censé protéger la société du crime, le châtiment apparaît de plus en plus comme ce qui la menace ». Pour dénoncer l'injustice du système de justice pénale actuel, démontrer son état de crise et l'urgence d'entamer une transition, la citation suivante a été retenue « Il l'est à cause du nombre d'individus qu'il met à l'écart […], à cause du prix qu'il fait payer à leurs familles et à leur communauté, à cause du coût économique et humain qu'il entraîne pour la collectivité, à cause […] de la reproduction d'inégalités qu'il favorise, à cause de l'accroissement de la criminalité et de l'insécurité qu'il génère, à cause enfin de la perte de légitimité qui résulte de son application discriminatoire ou arbitraire » [1].

Il va s'agir, dans cet ouvrage, de se questionner sur la capacité de la société française, en tant que groupe organisé d'individus vivant sous des lois communes sur le territoire français, à impulser une dynamique nouvelle dans la justice pénale. La société française sera particulièrement représentée par la société civile, soit l'ensemble des rapports interindividuels, des structures familiales, sociales, économiques, culturelles, religieuses, qui se déploient dans une société donnée, en dehors du cadre et de l'intervention de l'État. Elle sera également la somme d'actions individuelles qui s'ajoutent à la démarche collective et qui incarnent l'élan de la société tout entière.

La justice pénale, cette autorité en charge de la sanction des infractions à l'ordre public a inscrit dans la peine différentes motivations à travers l'histoire : la punition, la réhabilitation, la réparation. La logique punitive est une

---

1. Fassin D., *Punir, une passion contemporaine*, Seuil, Paris, 2017.

tendance dans laquelle la peine a pour seule fonction d'infliger une sanction punitive au contrevenant, tournée vers ses actes passés sans considérer son avenir dans la société. La réhabilitation est l'action d'aider à la réinsertion sociale d'un individu en lui permettant de retrouver l'estime de soi. La réparation est l'action de réparer une faute commise, le préjudice moral qu'on a causé à quelqu'un, afin d'atténuer ses souffrances et de revenir à un état normal.

Au-delà de ces trois fondamentaux, l'intérêt portera sur une notion qui vient répondre globalement aux enjeux de la justice pénale aujourd'hui : la réconciliation. Elle est le fait de rétablir des liens qui ont été brisés entre la société et les justiciables. Elle permet de prendre en compte chacun des protagonistes et d'espérer un effort mutuel pour tendre vers un avenir commun.

Une approche théorique et une application empirique de la peine seront proposées. La pénologie est l'étude des mesures pénales et des effets qui en résultent, tout particulier en ce qui concerne la protection de la société et la réintégration sociale des délinquants. Elle permettra d'amorcer ce livre pour identifier les effets des différentes approches de la justice pénale dans le temps. Puis, une étude empirique permettra d'envisager les contours d'une peine réparatrice et réconciliatrice.

La remise en question de principes pris pour acquis est un préalable indispensable à toute réflexion sur la transformation des politiques et des pratiques pénales. Il faut repenser le châtiment en prenant en considération le fait qu'il ne remplit pas le rôle qu'on lui a délégué.

Dans ce contexte, comment la société française peut-elle repenser le sens de la peine et substituer à la logique punitive une peine réparatrice et réconciliatrice ? Dans un premier temps, il s'agit d'analyser l'évolution du sens de la peine à travers l'histoire, son application pratique en

France et ses facteurs d'influence. Puis, il convient de montrer de manière empirique comment la société civile s'organise pour inclure dans nos peines actuelles une logique qui tend à la réconciliation avec la société. Enfin, seront abordés les enjeux de cette transition du côté des institutions et de la société, et les perspectives des acteurs de terrain qui favorisent son essor.

1
Le sens de la peine

« On dit que nous ne faisons pas souffrir
le coupable pour le faire souffrir,
il n'en est pas moins vrai que nous
trouvons juste qu'il souffre » [1]
(Durkheim, 1991)

Section 1. La punition au cœur de la peine actuelle

Il s'agit de questionner le rapport étymologique entre peine et punition pour comprendre leur interdépendance. Dans la langue française, les deux mots sont étroitement liés au regard de leur définition. D'après le dictionnaire Larousse « la peine est une punition, une sanction appliquée Sectionpour une faute commise, une infraction » alors que « la punition est l'action de punir, d'infliger un châtiment, une peine ».

Au-delà de ça, la peine a un double sens spécifique à la langue française. Le mot désigne aussi bien une condamnation pénale qu'une douleur, un double-sens qui ne figure pas dans la langue anglaise où *pain* et *penalty* ont été clairement différenciés.

À travers ces définitions, on comprend bien le caractère interdépendant de la punition, de la souffrance et de la

1. Durkheim E., *De la division du travail social,* PUF, coll. Quadrige, 1991.

peine qui a une influence certaine sur le sens qu'on lui donne aujourd'hui.

Si ce lien entre peine et punition apparaît évident, il ne l'a pas toujours été. L'intérêt portera sur l'évolution du sens de la peine à travers l'histoire puis aux différentes approches théoriques de la justification de la punition.

§ 1. L'évolution du châtiment, de la dette à la punition

A. La définition communément admise du châtiment

Le philosophe et juriste britannique, H.L.A. Hart, a proposé une définition du châtiment qui est devenue la référence depuis un demi-siècle. Prenant la précaution d'admettre que cette définition peut être contestable, il a permis de donner le cadre à la notion de châtiment et à ce qu'on qualifie de peine aujourd'hui. Sa définition de la peine repose sur cinq critères cumulatifs :

- le châtiment doit impliquer une souffrance ou d'autres conséquences désagréables ;
- le châtiment doit répondre à une infraction contre des règles légales ;
- le châtiment doit s'appliquer à l'auteur réel ou supposé de cette infraction ;
- le châtiment doit être administré intentionnellement par des personnes autres que le contrevenant ;
- le châtiment doit être imposé par une autorité instituée par le système légal contre lequel l'infraction a été commise.

Didier Fassin, décortique les critères de cette définition pour en montrer sa fragilité et ne garder qu'un seul critère venant s'imposer aujourd'hui : l'administration d'une souffrance. Les autres critères pouvant, de l'école à la prison, être remis en cause de manière plus ou moins exceptionnelle. À son sens, cette définition est venue légitimer l'infliction de la souffrance à travers la sanction pénale, la plaçant comme un objectif inquestionné, ce qui apparaît comme un problème fondamental dans le système de justice pénale actuel.

Il s'arrête également sur le troisième critère « le châtiment doit s'appliquer à l'auteur réel ou supposé de cette infraction » pour révéler une injustice. Cette définition légitime le fait d'attribuer une souffrance à une personne uniquement soupçonnée d'avoir commis un acte répréhensible, et par conséquent qui n'a pas encore été jugée.

Ce soupçon pose une question morale, mais a pourtant été encadré par le droit pénal sous la forme de mesure de détention provisoire. Cette mesure devait s'adresser à des individus dangereux ou susceptibles d'être absents au procès. Or elle s'est aujourd'hui généralisée et représente 29% des détenus dans les prisons françaises, des prévenus incarcérés en attente de leur procès. S'ajoute à cette question morale le fait que ces prévenus soient placés en Maison d'Arrêt, soit dans les établissements qui souffrent le plus de la surpopulation carcérale et de non-respect du droit. Le taux de suicide y est, par ailleurs, trois fois plus élevé que dans les autres établissements. La punition anticipée questionne autant sur le plan moral que pratique, puisqu'elle représente une solution à court terme qui a de lourdes conséquences sur le parcours de l'individu incarcéré et sur l'environnement carcéral.

B. Le passage de la réparation à la punition

Originellement on désignait la rétribution comme étant une dette à honorer, le paiement en retour d'une obligation, soit une action à honorer, ou d'une gratification, un transfert financier. La peine était basée sur le réseau sémantique de l'échange, sans aucune signification morale [1].

Nietzche en a fait la première démonstration, des rapports créanciers-débiteurs, où le débiteur pour inspirer confiance s'engageait, dans le cas d'une dette impayée sur quelque chose d'immatériel qui lui appartenait, comme sa femme, sa liberté ou sa vie.

Chez les Indiens d'Alaska, la peine avait également une vertu réparatrice, car le crime individuel n'existait pas. En cas de crime, le clan appartenant au criminel avait une dette à payer à l'autre clan. C'est donc une dette dont le groupe doit s'acquitter et non une faute que l'individu doit expier.

Pour les aborigènes d'Indonésie, seuls les dommages et intérêts apparaissaient comme une sanction juste en cas de crime, car la liberté était leur bien le plus cher, voire une condition pour vivre, et ne pouvait leur être enlevée.

Comment est-on passé d'une logique réparatrice à une logique punitive ? À la Renaissance, dans les sociétés occidentales, et particulièrement les sociétés catholiques romaines, la religion a eu un effet notable sur le sens de la peine. La peine, qui s'inscrivait dans la sémantique de l'échange, de la rétribution par la dette, pouvait avoir une connotation émotionnelle, mais n'avait aucune connotation morale. Le lexique religieux a fait apparaître la notion de faute et d'affliction méritée du péché commis. On voit apparaître la dimension doloriste et la dimension morale du châtiment, par la souffrance qu'elle inflige à l'individu s'étant permis de transgresser les codes sociaux. On parle alors de moralisation de la peine.

L'analyse de Georg Simmel dans *Philosophie de l'argent* vient ajouter deux éléments explicatifs [2]. À son sens, le passage de la réparation à la punition peut

1. Fassin D., *Punir, une passion contemporaine*, Seuil, Paris, 2017.
2. Simmel G. *Philosophie de l'argent*, Quadrige, 1900.

s'expliquer par une dimension politique et une dimension sociologique.

. Une dimension politique : le contentieux par le crime ne se règle plus entre l'auteur et la victime, mais par l'intermédiaire de l'Église et de l'État. Le crime n'implique plus uniquement la victime et l'auteur, mais il est le fait de violations des règles légales ou morales de la société. Cet intermédiaire a moins pour intérêt de réparer la faute commise, mais plutôt d'éviter qu'elle se reproduise. Cela explique le fait que la peine revêt un caractère punitif plutôt que réparateur.

. Une dimension sociologique : les différences socio-économiques sont croissantes, et il devient de plus en plus compliqué de définir une peine juste, basée sur le principe de la dette à payer, puisqu'elle ne porte plus sur les besoins de la famille touchée, mais sur l'établissement d'une souffrance correspondant à la gravité du crime. La difficulté porte sur le fait que l'impact d'une peine financière ne sera pas le même pour tous et pourra donc se révéler injuste.

§ 2. Les différentes approches théoriques de justification de la punition

Didier Fassin livre plusieurs approches théoriques de la justification de la punition, c'est-à-dire la réponse à la question *pourquoi punit-on ?* ou *pourquoi est-il légitime de punir ?* À travers la peine que l'on inflige aux auteurs d'infractions pénales. Les deux approches théoriques sont l'approche utilitariste et l'approche rétributive.

Au cours des dernières décennies, on a vu un recul de la première au profit de la dernière.

A. L'approche rétributive

Le rétributivisme est une théorie selon laquelle les criminels et délinquants doivent être punis à hauteur du tort qu'ils ont causé. Contrairement à l'approche utilitariste, la justification de la punition se produit de fait, et la peine ne peut être considérée comme un moyen servant une fin utilitaire. Didier Fassin décrit le rétributivisme comme un principe qui repose sur des obligations morales. Ces obligations morales n'étant pas respectées, elles donnent alors le droit à la communauté de procéder à une sanction punitive qui place l'individu dans une situation inconfortable voire dans une situation de souffrance. Elle repose également sur le principe de justice. Pour Didier Fassin, le rétributivisme est rarement remis en cause puisqu'il s'appuie sur une dimension purement morale.

« Il est en principe facile à défendre puisqu'il n'implique aucune évaluation externe de son efficacité sociale, mais simplement d'une appréciation interne de sa cohérence morale. Il affirme en effet que, pour que justice soit faite, ceux qui ont commis des infractions au regard de la loi ou des torts à l'égard des autres méritent de souffrir ».

B. L'approche utilitariste

Jeremy Bentham, philosophe anglais, est le premier à avoir théorisé l'approche utilitariste. Il considère, selon l'approche utilitariste, que toute punition apporte du mal. De ce fait, elle doit être prononcée dans le seul but de protéger la société et donc d'éviter un mal plus important. L'approche utilitariste accepte la punition uniquement selon ces critères : qu'elle soit fondée, nécessaire, efficace, bénéfique et économiquement acceptable. La finalité de la sanction est donc préventive, elle prévient l'acte criminel, sous la forme de réforme, d'empêchement, de dissuasion ou de réhabilitation.

américaine, qui a résonné dans le monde entier à la fin du 20e siècle et eu une très forte influence sur la politique pénale française.

Section 2. L'ère de la réhabilitation au 20e siècle

La réhabilitation est une notion qui connaît un regain en France depuis la loi Taubira d'individualisation des peines et de renforcement de l'efficacité pénale de 2014. Pour autant, l'idéal de réhabilitation des contrevenants a déjà connu une période de forte expansion et de déclin aux États-Unis au 20e siècle, ce qui a eu des incidences sur le monde entier. L'analyse de Pierre Lalande de l'affaire Martinson dans « Punir ou réhabiliter les contrevenants ? Du « Nothing works » au « What works » » [1] permettra de comprendre les enjeux de la réhabilitation et de sa présence au cœur de la peine.

§ 1. Une nouvelle image de l'homme criminel

Au 19e siècle, Cesare Lombroso, un médecin italien considéré comme le père de la criminologie, a permis grâce à son livre *L'homme criminel* en 1876, d'insuffler une nouvelle vision de l'homme criminel. Cette nouvelle considération du criminel a remis en question le sens de la peine en tant qu'approche rétributive, et permis de laisser place à la réhabilitation.

Ce médecin italien a marqué les débuts du déterminisme, en prouvant que l'homme commettait des crimes en raison de facteurs biologiques, et que par conséquent, ces facteurs n'étaient en aucun cas liés au

1. Lalande P., « Punir ou réhabiliter des contrevenants ? Du « Nothing Works » au « What Works » », *Direction du développement et du conseil en services correctionnels*, Québec, 2006.

libre choix de l'individu. Cette théorie élude de fait l'approche punitive qui consiste à donner à la peine un caractère dissuasif et rétributif, puisque la personne ne peut décider de quelle manière elle agit. C'est pourquoi cette théorie amène à repenser le sens de la peine, pour qu'elle atteigne son objectif de protection de la société. La réhabilitation apparaît alors comme un traitement venant s'appliquer individuellement à chaque condamné pour assurer sa réinsertion dans la société et éviter la récidive.

Ce nouveau modèle correctionnel a réellement pris forme en 1870 aux États-Unis, on l'appelait la « New Technology », basée sur deux croyances fondamentales :

. les pouvoirs curatifs de la sentence indéterminée : le modèle médical de justice criminelle, tel qu'il est appliqué à cette période, croit fermement à l'individualisation des peines, sous le terme de la détermination. Les théoriciens font le parallèle entre la peine et le traitement médical, ce dernier venant s'appliquer différemment en fonction des spécificités de chaque organisme. De la même manière, pour que le délinquant ne soit plus dangereux pour la société et bénéficie d'un programme de réhabilitation efficace, il doit faire l'objet d'un diagnostic qui permettra de déterminer la peine qui sera la plus propice à sa réinsertion ;

. la détermination d'un nouvel objectif de la justice criminelle : la réhabilitation des criminels et non l'infliction de souffrances.

§ 2. De l'idéal de réhabilitation à l'affaire Martinson

Le modèle de réhabilitation a dominé pendant un siècle aux États-Unis, jusqu'à atteindre son apogée dans les années 1960-70. À cette époque, les pouvoirs publics décrivaient le modèle punitif comme « un vestige d'un passé barbare qui devrait disparaître »[1]. L'individualisation était un principe central dans la détermination de la peine, car les criminels étaient considérés comme des individus, dont la personnalité et non le comportement devait être la base du traitement. On cherchait à comprendre non pas ce qu'il avait fait, mais plutôt répondre à la question « qu'est-ce qu'il est ? » et « pourquoi il a commis cela ? ». Autour des années 1970, les Américains ont vu le taux de criminalité dans leur pays augmenter, ce qui a donné envie à l'état New Yorkais de réformer le système de prison, afin de renforcer la réhabilitation des prisonniers. Cependant, il manquait d'études empiriques qui faisaient état des succès et échecs de la réhabilitation. C'est dans ce contexte que le New York State Governor's Special Committee on Criminal Offenders fit appel à trois chercheurs pour effectuer des recherches qui répondraient à la question « What works ? ». À l'issue de ces recherches, le comité avait jugé les conclusions trop peu satisfaisantes pour les publier. En 1974, le sociologue américain Robert Martinson décide de publier un article sur les conclusions de ses recherches sur les méthodes de réhabilitation des personnes détenues : « … à de rares exceptions près et qui sont des cas isolés, les efforts de réhabilitation qui ont été jusqu'ici rapportés, n'ont pas d'effet appréciable sur la récidive » (Robert Martinson). Au-delà de ses conclusions fermes et pessimistes, Martinson avait nuancé son propos en expliquant que le manque de résultat tangible pouvait venir d'un manque de performance des programmes lancés et d'un besoin de renforcement de la stratégie. Mais cette nuance est restée inaperçue, pour laisser place au « Nothing works » relayé par les médias.

---

1. Lalande P., « Punir ou réhabiliter des contrevenants ? Du « Nothing Works » au « What Works » », *Direction du développement et du conseil en services correctionnels*, Québec, 2006.

La doctrine du « Nothing Works » eut d'importantes répercussions sur le système de justice pénale américain, puis plus largement occidental. À cette période, les États-Unis se sont détournés de la réhabilitation comme objectif principal de la peine, pour y substituer la punition comme moyen de dissuasion et de neutralisation. Cet idéal punitif a entraîné le phénomène de l'incarcération de masse qui a eu de larges répercussions sur l'économie du pays, mais très peu sur la criminalité. C'est la première fois qu'on voit un article de recherche influencer si rapidement et radicalement des choix politiques et la politique pénale des États-Unis pour les années à venir, ainsi que celle de certains pays du monde, dont la France.

Bien qu'il ait été accompagné d'une hausse de la criminalité, cet article fit référence pendant de longues années aux États-Unis. Même 20 ans plus tard, les conservateurs se servent toujours de ces conclusions pour justifier des réformes pénales strictes. Il a eu également des conséquences à l'international. En France, ce texte a notamment été cité en 2001 à l'Assemblée Nationale, soit 27 ans plus tard, pour présenter une proposition de loi venant augmenter la sévérité des peines chez les jeunes contrevenants. Il a ouvert un boulevard pour la mise en place de la réforme « Tough on Crime » qui consiste à mettre les contrevenants en prison et le plus longtemps possible (objectif de neutralisation).

Martinson, dans un article publié 5 ans plus tard a voulu modifier sa position et influencer le système pénal dans l'autre sens. Il a avoué rejeter complètement ses conclusions originales, et a réaffirmé ses valeurs de probation comme outil à la réhabilitation. « Contrairement à ma position précédente, certains traitements ont des effets appréciables sur la récidive. De nouveaux faits tirés de notre recherche actuelle me conduisent à rejeter ma conclusion originale. J'ai souvent dit que le traitement qui s'inscrit dans le système de justice criminelle est « impotent », je retire cela également. J'ai protesté contre le slogan « nothing works » utilisé par les médias pour résumer ce que j'ai déjà dit » (Robert Martinson, 1979).

Cet article n'aura aucun effet, et sera complètement ignoré des pouvoirs publics. D'autres chercheurs s'étant intéressés aux recherches et conclusions de Martinson avaient aussi remis en cause ses conclusions. Smith « les éléments d'appréciation issus de la recherche, sur lesquels se fondait l'école du « rien ne fonctionne » étaient viciés sur le plan non seulement de la méthodologie, mais encore des conclusions qui en étaient tirées ». À son tour, Palmer affirmait que « 48% des résultats de Martinson montraient des résultats positifs en matière de réduction de la récidive ».

Les deux mouvements politiques de l'époque, conservateurs et libéraux, se sont détachés de la réhabilitation comme sens de la peine en avançant des arguments différents.

- Les conservateurs : devant la hausse de la criminalité, les conservateurs souhaitent des peines plus sévères. Pour eux, la réhabilitation est inefficace, car les contrevenants ne peuvent pas changer, et dangereuse puisqu'elle enlève le caractère dissuasif de la peine, donc ne remplit pas son rôle de protection de la société. Le pouvoir discrétionnaire accordé aux juges, du fait de l'indétermination de la peine est également critiqué, et propose de repasser à des peines déterminées et obligatoires, avant d'ajouter que le mot d'ordre n'est plus la guérison, mais la punition. Wilson, un criminologue conservateur plaidait pour des institutions plus simples : enfermer est plus simple et efficace que réhabiliter.
- Les libéraux (dissidents) avaient déjà commencé à se détacher de la notion de réhabilitation, à cause de l'injustice que procurait notamment la sentence

indéterminée. En effet, le fait que deux contrevenants ayant commis le même délit puissent se voir attribuer deux sentences complètement disproportionnées devenait insupportable. Par exemple, un voleur d'un montant de 70 dollars avait passé 11 ans en prison, car il n'avait pas montré de signe de réhabilitation. De plus, les libéraux déploraient le fait que des signes de réhabilitation en prison ne soient pas révélateurs de sa réhabilitation à l'extérieur de la prison.

Les deux mouvements se démarquent par les conséquences qu'ils vont tirer de cet état des lieux. Les conservateurs vont privilégier un modèle de sentence déterminé, alors que les libéraux vont opter pour la sentence déterminée uniquement pour des peines très courtes, et favoriser la baisse de l'incarcération par le développement d'alternatives à la détention.

« L'idéologie, les politiques et les pratiques du modèle de la réhabilitation sont inacceptables parce que l'administration des sentences est arbitraire et discriminatoire » (Struggle for Justice). À travers ce livre, on dénonce le « crime de punir », mais également le « crime de traiter de façon coercitive ». De ces débats est né l'idéal de justice dans le système de justice criminelle, pour que les prévenus soient traités de façon équitable. Les libéraux feront une critique de cette idée, qui selon eux amène à légitimer la logique punitive bien qu'elle soit prononcée dans une démarche de justice entre les individus.

§ 3. La réaffirmation de l'état punitif et ses conséquences

L'année 1974 a constitué un tournant dans le fonctionnement du système de justice pénale américain. Cette année-là, le FBI annonçait un taux de criminalité jamais atteint, les juges étaient de plus en plus accusés d'appliquer des peines trop légères, le système de réhabilitation commençait à être remis en cause. Dans ce contexte, l'article de Martinson permit aux plus sceptiques de constituer un plaidoyer s'appuyant sur des données considérées comme scientifiques[1].

Cet avènement de l'état punitif a fait apparaître une première conséquence, celle du glissement du pouvoir discrétionnaire du juge de déterminer la peine, à celui du législateur : c'est la fin du principe d'indétermination de la peine (ou individualisation). En quelques mots, le principe de détermination de la peine est le fait que le pouvoir législatif détermine une peine par infraction, sans tenir compte des besoins du contexte ou des besoins de l'individu en cause. Ce principe défend la valeur de justice entre les contrevenants, qui selon les défendeurs de la détermination de la peine, ne doivent pas être jugés sur leur personne, mais uniquement sur l'acte qu'ils ont commis, « le même délit entraîne la même peine ». Les juges se sont opposés à ce changement, qui ne leur conférait plus le pouvoir d'appréciation, mais uniquement d'application de la loi.

Les années suivantes, les états américains légifèrent pour inscrire dans la loi un nouveau sens de la peine : celui de punir. En 1977, la Californie, connue pour sa défense de la réhabilitation, instaure la sentence déterminée. Elle abroge la libération conditionnelle et « déclare que l'objectif principal de la prison sera désormais de punir les contrevenants ». On instaure également dans le reste du pays les sentences minimales obligatoires et lance un plan de construction de prisons.

---

1. Lalande P., « Punir ou réhabiliter des contrevenants ? Du « Nothing Works » au « What Works » », *Direction du développement et du conseil en services correctionnels*, Québec, 2006.

Bien que d'autres études soient venues s'ajouter à celle de Martinson sur le sujet de la réhabilitation et contredisent ses conclusions originales, le modèle punitif continue de gagner du terrain. En 1989, soit quinze ans après le Nothing Works, la Cour Suprême des États-Unis « confirme la disparition de la réhabilitation dans le champ pénologique ».

Une autre conséquence du Nothing Works, est qu'en rejetant le principe de réhabilitation, il a évincé la rhétorique du traitement qui humanisait les peines. Cette politique correctionnelle a également eu un effet négatif sur le personnel pénitentiaire qui avait une autre manière de traiter les détenus. Cela a accentué la violence qui régnait en prison.

Ensuite, la prison n'a plus eu pour simple objectif de punir, mais aussi d'accabler le prisonnier, c'est le mouvement du « No-frills prison » qui vise une fois de plus à dissuader les contrevenants, à les décourager de commettre une nouvelle infraction, en faisant régner la peur en prison. Cela a eu l'effet d'une multiplication par 6 de la population carcérale en 30 ans. Pierre Lalande rappelle que dans les 2 millions de personnes emprisonnées aux États-Unis, le Justice Policy Institute en compte 1 200 000 non-violents. Dans le même temps, on a assisté à une baisse de la criminalité aux États-Unis. Cependant, des chercheurs américains ont montré la non-corrélation de l'augmentation de l'enfermement avec la baisse de la délinquance. Les changements dans la criminalité seraient expliqués à 12% seulement par l'augmentation des populations carcérales et des changements législatifs[1].

1. Lalande P., « Punir ou réhabiliter des contrevenants ? Du « Nothing Works » au « What Works » », *Direction du développement et du conseil en services correctionnels*, Québec, 2006.

Aux États-Unis particulièrement, cette tendance punitive va plus loin que dans le cadre de l'incarcération. Celle-ci se poursuit également à la suite de la peine, par le biais de « peines invisibles » qui sont l'incapacité à recevoir des aides sociales, le droit d'accès au logement, l'interdiction de prêts étudiants qui empêche les personnes de se former.

En ce qui concerne la récidive, cette approche renforce le retour en prison et contribue à l'expansion des systèmes carcéraux. De toutes les personnes incarcérées pendant ces années de grande répression, il en sort annuellement 1600, dont les ¾ ont un passé de consommation de drogues et 16% une maladie mentale. Si la prison a toujours pour rôle la protection de la société, l'auteur souligne l'incohérence d'un système qui ne se soucie jamais de la sortie de ces contrevenants.

§ 4. Le regain de la réhabilitation

Au début des années 2000, on a commencé à rejeter le système punitif qui ne montrait aucune efficacité en termes de lutte contre la récidive et amenait des dommages collatéraux. Les scientifiques ont démontré que le crédit apporté à l'étude de Martinson n'était pas mérité, reflétant simplement le pessimisme ambiant des années 70[1].

Gendreau et al. ont développé 4 principes qui étaient à la base de méthodes efficaces pour lutter contre la récidive :

- le principe du risque : la méthode utilisée doit s'appuyer sur le niveau de risque de récidive que présente le délinquant ;

---

1. Lalande P., « Punir ou réhabiliter des contrevenants ? Du « Nothing Works » au « What Works » », *Direction du développement et du conseil en services correctionnels*, Québec, 2006.

- le principe du besoin : il faut établir les besoins criminogènes et les besoins non criminogènes. Parmi les besoins criminogènes, on trouve par exemple les addictions, la colère, l'hostilité et le chômage. Ce sont des besoins qui peuvent avoir un effet sur la criminalité de l'individu ;
- le principe de l'intégrité du programme : le programme doit être conçu et appliqué par des professionnels qualifiés et dévoués ;
- le principe de la réceptivité : il faut prendre en compte les méthodes d'apprentissage du délinquant pour qu'il soit le plus réceptif au programme ;

Ce qui intéresse les professionnels maintenant, ce n'est pas tant de savoir si la réhabilitation pouvait réduire la récidive, mais plutôt de connaître les méthodes qui fonctionnaient et celles qui ne fonctionnaient pas. Le mouvement « What works » a adopté cette position au début des années 90 pour démontrer précisément où la réhabilitation pouvait agir et où elle était contreproductive.

Dans ce qui fonctionne, les méthodes de lutte contre la récidive par la réhabilitation sont efficaces lorsqu'elles ciblent les causes et facteurs qui mènent à la récidive. Dans ce qui ne fonctionne pas, le mouvement a désigné les méthodes basées sur la surveillance serrée et la punition en cas de manquement, car elle ne s'attache ni aux causes de la récidive, ni aux besoins de l'individu.

Si cette étude est considérée comme erronée, il a fallu du temps aux philosophes et scientifiques contestataires de l'étude pour se faire entendre. En effet, on considère que c'est la première fois que les pouvoirs publics s'appuyaient sur la connaissance scientifique dans le domaine des politiques pénales pour légiférer, et que généralement c'est en suivant le sens commun et l'opinion publique que la politique pénale était pensée.

Déjà à cette époque, on considérait que la population était en faveur des méthodes punitives. En revanche ce que l'auteur observe, c'est que lorsque la population est mieux informée, elle est davantage en faveur des politiques de réhabilitation que de la punition.

Face aux limites du système punitif, les différents états américains se sont petit à petit rapprochés de la réhabilitation. Le facteur majeur qui a provoqué ce retournement est l'endettement des états pour la construction des nouvelles prisons, qui a amené les pouvoirs publics à légiférer en faveur de la diminution des peines de prison ou de placer de l'argent dans les services de probation.

La réhabilitation est fragile, incertaine, mais semble être un objectif nécessaire de la peine. Quand elle disparaît complètement, la peine ne devient qu'un passage au cours duquel la personne condamnée paie les erreurs du passé. Une ouverture vers le futur est importante pour que la justice pénale accomplisse sa mission de protection de la société et que la peine permette la prise de conscience des actes commis. Qu'il soit punitif ou réhabilitatif, le sens de la peine se concrétise uniquement par le contenu qui constitue les sanctions. L'idéal du sens de la peine doit s'adapter à la réalité de son contexte. C'est pourquoi, il est important de s'intéresser aux peines actuelles et notamment à la peine de référence en France, la prison, pour comprendre en quoi la logique poursuivie est punitive et pour quelle raison elle gagnerait à favoriser la réconciliation avec la société. Cette sous-partie a pour objectif de retracer le fonctionnement de la prison, les différents profils de détenus et les effets de la prison sur ces personnes.

Section 3. La prison : peine de référence en France

Instituée dans le Code pénal de 1791, la prison a été reconnue comme étant un lieu de punition, mais aussi celui de l'amendement du condamné par le travail et l'éducation. À l'origine, la prison a été mise en place par les réformistes de l'Ancien Régime pour appliquer une peine plus douce et plus juste, respectueuse de la dignité humaine.

Une fois encore, on voit que la loi a consacré cette notion d'utilité de la peine pour la personne condamnée. Ce sont les mesures politiques et l'opinion publique qui aujourd'hui ne permettent pas d'apporter à la peine un contenu correspondant au sens qui lui est donné dans la loi.

Pour comprendre la peine d'emprisonnement, ses enjeux et limites, il est fondamental de s'intéresser au profil des personnes incarcérées, au fonctionnement des prisons, aux souffrances des détenus et à l'existence des prisons ouvertes.

§ 1. Le public en prison

A. Quelques chiffres [1]

La population carcérale est très masculine, les femmes représentent seulement 3,4% des personnes incarcérées (elles sont 2 384). Les enfants, incarcérés dans des établissements pour mineurs représentent 1,2% de la population carcérale et sont âgés de 13 à 18 ans. Environ 1 détenu sur 5 est étranger. Les prévenus - c'est-à-dire les personnes en attente de jugement, représentent un tiers de la population carcérale.

---

1. Journée Nationale Prison, « Fiche statistique », 2017.

La population carcérale est plutôt jeune, les moins de 30 ans représentent 45% des personnes sous écrou. Mais le nombre de détenus de plus de 60 ans augmente parallèlement, il a été multiplié par 6 en 25 ans. La mort est un phénomène omniprésent en détention, 240 personnes y meurent chaque année dont 110 suicides (7 fois plus de suicides qu'à l'extérieur).

Les problèmes de santé sont très importants en détention. Par exemple, on a 5 fois plus souvent le VIH en détention qu'à l'extérieur et 10 fois plus la tuberculose. La santé mentale est également problématique, on estime que la moitié des détenus ont un traitement médicamenteux, qu'un quart d'entre eux souffrent de troubles psychotiques et 40% des personnes incarcérées depuis moins de 6 mois sont atteintes de syndromes dépressifs. Le phénomène des addictions est une des problématiques majeures pour la lutte contre la récidive, 38% du public en prison souffre d'addiction aux drogues.

La population carcérale est généralement peu diplômée, 1,6% n'a jamais été scolarisée, 4,8% ne parlent pas français et 22% échouent au test de lecture. La moitié du public en détention ne possède aucun diplôme.

Concernant les faits incriminés, 80% des personnes incarcérées le sont pour des délits et pour des peines inférieures à 2 années d'incarcération. La durée moyenne de détention en France est de 11 mois. La surpopulation carcérale concerne en grande partie des détenus qui, au vu de leur profil, pourraient effectuer leur peine dans un programme extérieur à la prison très encadré, sans constituer un danger pour la société. L'exemple le plus extrême est le cas des incarcérations pour conduite sans permis, qui sont souvent des courtes voire très courtes durées (15 jours). Ces peines ont un effet désocialisant, car elles peuvent entraîner une perte de travail, et rendent les employés du secteur routier très vulnérables.

B. Une humanité abîmée

Stéphane Simon, aumônier à la prison de St Quentin Fallavier depuis sept ans, livre une analyse du public qu'il est habitué à côtoyer en détention[1]. À son sens, la majorité des détenus sont retranchés dans une immense souffrance. Il parle d'une « humanité abîmée », à travers deux axes : la pauvreté globale et l'abîme intérieur.

- La pauvreté globale : le public en détention a souvent évolué dans un environnement qui favorise la délinquance : une pauvreté financière, culturelle, éducative, sociale et un environnement familial fragile.
- Un abîme intérieur : la souffrance est le fruit d'une division intérieure « je sais qu'il ne faut pas que je le fasse, mais je le fais quand même ». La difficulté pour la société est la compréhension de l'autre, c'est ce qui explique pourquoi elle est si sévère envers les délinquants. En voyant ce qui est apparent, c'est-à-dire le comportement extérieur de la personne délinquante, il est difficile d'accéder au réel de l'autre, « car son réel ce n'est pas sa délinquance, c'est sa souffrance ». Si on ne résout pas le problème intérieur, on passe à côté d'un infini petit, qui rend impossibles la reconstruction et la réinsertion.
- Des discriminations socioéconomiques. Didier Fassin confie son analyse sur le public en détention, comme étant la représentation des discriminations socioéconomiques et ethno raciales faites dans nos sociétés[2]. En France les prisons sont largement peuplées de personnes issues du milieu populaire et de familles d'immigrés. L'auteur prend l'exemple d'une Maison d'Arrêt peuplée de 800 détenus, dont deux tiers des

1. Stéphane SIMON, aumônier de la prison de St Quentin Fallavier et membre de l'ARAAJR, Lyon, entretiens le 30 janvier et 11 juillet 2017.
2. Fassin D., *Punir une passion contemporaine*, Seuil, Paris, 2017.

hommes étaient noirs ou arabes et la moitié étaient sans profession. Cette situation était accentuée pour les moins de 30 ans, où seulement 1/6e des détenus étaient des hommes blancs.

Le choix des interventions policières. La sélection de la loi pénale commence dans la rue avec le travail de la police. Didier Fassin évoque le contrôle d'identité, qui frappe souvent les populations d'origines africaines ou arabes et les expose plus facilement au délit d'outrage à agent. Alors que 84% des personnes interrogées (selon une étude du défenseur des droits) disent ne pas avoir été contrôlées ces 5 dernières années, parmi les jeunes hommes participants à l'étude « perçus comme noirs ou arabes/maghrébins » 80% déclarent avoir été contrôlés dans les cinq dernières années.

L'auteur livre un exemple révélateur des différences de traitement : le délit de consommation de drogue. Le 31 décembre 1970, la France votait une loi qui réprime tous les comportements en faveur de la toxicomanie, incluant l'usage simple de la drogue. Pour ce délit, la peine pouvait aller jusqu'à un an d'emprisonnement. La loi visait initialement la lutte contre le trafic de drogue et l'usage de drogues dures. Quarante années plus tard, on a observé un glissement des pratiques répressives vers l'usage de drogues essentiellement douces. Aujourd'hui 86% des interpellations se font pour usage de drogue, et 90% d'entre elles concernent le cannabis.

Chacun sait que la consommation de cannabis chez les jeunes est similaire dans toutes les catégories socioéconomiques de la population française, voire supérieure chez les jeunes des classes moyennes. Pourtant, les interventions policières ciblent davantage les quartiers populaires que les universités. Ce type de contrôle entraîne une procédure accélérée, du fait du « flagrant délit » qui est suivi d'un jugement en comparution immédiate. Les peines prononcées lors des comparutions immédiates sont statistiquement plus sévères et entrainent plus souvent un emprisonnement. Cet exemple montre que la tendance est plus à réprimer des personnes plutôt que des actes répréhensibles, ce qui accentue les inégalités face à la justice.

. Les compétences sociales requises au moment du procès. L'autre étape discriminatoire vis-à-vis des classes populaires est le moment du procès. Le passage en jugement nécessite des compétences sociales à valoriser face au juge, pour peser sur sa décision.

Didier Fassin prend le cas d'un jeune homme d'origine sénégalaise et issu des quartiers populaires, à qui on reproche un outrage à agent lors d'un contrôle d'identité, et celui d'un jeune homme étudiant issu de bonne famille, inculpé pour violences sexuelles sur sa petite amie. À l'audience, les deux jeunes hommes n'ont pas les mêmes ressources pour influencer le juge dans leur sens. Le premier, maladroit et mal à l'aise va montrer une attitude désinvolte qui laissera penser au juge sa culpabilité. À l'inverse, le jeune étudiant saura convaincre par son attitude et l'accompagnement de sa famille, de sa capacité à respecter la loi ainsi que les normes sociales à l'avenir. Au final, le premier sera placé en détention provisoire en l'attente de son jugement, donc en Maison d'Arrêt, alors que le second ressortira libre, d'une peine de six mois de prison avec sursis.

Cette différence de traitement s'explique par l'influence de certains codes et préjugés sur l'interprétation des faits. En raison de son attitude au tribunal et de son dossier, le juge va considérer la culpabilité de l'accusé, ce qui aura pour conséquence une surreprésentation des milieux populaires en prison.

§ 2. La vie en prison

Afin de bien comprendre les enjeux de la peine privative de liberté, il s'agit de se familiariser avec le quotidien de la détention. La détention est un endroit dans lequel règnent des règles particulières, car la privation de liberté implique de nombreuses contraintes qui tendent à rendre les détenus dépendants du personnel pénitentiaire pour le moindre déplacement. Ces contraintes sont aujourd'hui accentuées par le manque de personnel en détention qui restreint encore plus la liberté d'action des détenus. Elle restreint non seulement leurs déplacements, mais également toutes les initiatives extérieures qui permettent de leur offrir des moyens de travailler ou de se former de façon à préparer leur sortie. Ce contexte de surpopulation et de manque de moyens peut amener les condamnés à une situation d'échec. Comme précise Thierry Jollivet [1], « L'isolement, les relations conflictuelles avec le personnel pénitentiaire, les relations souvent tendues entre détenus conduisent à la destruction de la personnalité plutôt qu'à reconstruire une identité positive après avoir « payé le prix » de sa peine ».

L'organisation de la prison telle qu'elle est décrite par l'Administration pénitentiaire [2] sera présentée ainsi que les limites dans l'application de certains droits ou certaines mesures dues à la surpopulation carcérale.

L'Administration pénitentiaire a défini une journée type de détention, qui est disponible en ligne pour informer sur les conditions de vie des détenus, ainsi que le descriptif des moyens mis en œuvre pour lutter contre l'oisiveté et préparer la réinsertion.

---

1. Thierry JOLLIVET, membre de l'ANVP, Niort, entretien le 12 juillet 2017.
2. Justice.gouv, « Administration pénitentiaire en France », www.justice.gouv.fr/art_pix/administration_penitentiaire_en_france.pdf.

A. Une journée type en détention

- Le travail. Le droit au travail est inscrit dans les articles D.99 à D.101 du Code de procédure pénale. Le travail en établissement pénitentiaire repose sur le volontariat de la personne détenue. Il lui offre la possibilité de bénéficier d'un revenu et surtout d'acquérir des réflexes professionnels et une qualification qui faciliteront son insertion sociale.

Le travail est exécuté soit pour le compte d'entreprises privées (concessions), soit pour le compte du service de l'emploi pénitentiaire (SEP). Les personnes détenues peuvent aussi se voir proposer des postes de travail liés au fonctionnement des établissements, appelés "service général" : fonction de maintenance ou d'hôtellerie (restauration, blanchisserie, nettoyage). Aujourd'hui, seulement une personne sur quatre a la possibilité de travailler en détention.

- La formation. La formation, qu'elle soit générale ou professionnelle, constitue l'un des outils essentiels de la réinsertion. Un dispositif important est mis en place à cet égard, en association avec les partenaires institutionnels.

Initialement, plus de 20% des détenus devaient bénéficier d'une formation générale dispensée par des enseignants de l'Éducation nationale mis à la disposition du ministère de la Justice. En 1995, une convention signée entre ces deux ministères a créé des unités pédagogiques régionales en milieu pénitentiaire qui prépare les détenus aux diplômes de l'éducation nationale. Pourtant, le taux de personnes bénéficiant d'une formation est aujourd'hui seulement de 8%. Le besoin de formation est important, puisque 85% des détenus ont un niveau scolaire qui ne dépasse pas le CAP.

• Le culte, la culture et le sport. Au sein de la détention, le principe fondamental de la liberté religieuse est respecté : chaque détenu doit pouvoir satisfaire aux exigences de sa vie religieuse, morale ou spirituelle. Les aumôniers et auxiliaires bénévoles d'aumônerie intervenant au sein des établissements pénitentiaires fixent, en accord avec le chef d'établissement, les jours et heures des offices. Une salle est généralement prévue à cet effet, partagée entre les différentes aumôneries.

Concernant l'accès à la culture, chaque établissement pénitentiaire dispose d'une bibliothèque accessible à toutes les personnes incarcérées. Les services pénitentiaires d'insertion et de probation, en lien avec les chefs d'établissement, les structures culturelles des villes et des départements, programment des activités adaptées au public : diffusion d'œuvres, ateliers de pratiques artistiques dans différents domaines (arts plastiques, écriture, théâtre, musique, audiovisuel).

Le sport joue un rôle fondamental dans l'amélioration des conditions de détention et le maintien d'un bon climat dans les établissements pénitentiaires. Il oblige à accepter des règles, à prendre des responsabilités et à s'investir dans une pratique collective. Un protocole d'accord passé entre le ministère de la Justice et celui de la Jeunesse et des Sports définit les principes communs d'une politique sportive en milieu carcéral.

Que ce soit pour le culte, la culture ou le sport, l'accès des détenus est de plus en plus restreint. Le manque de ressources, comme des salles pour le culte ou pour accueillir des activités culturelles, est criant ainsi que le manque de personnel surveillant pour encadrer ces activités. Ces activités qui dynamisent la prison laissent place à de l'oisiveté qui attise les rapports de violence et la perte de repères par rapport à l'extérieur.

- Le maintien des liens familiaux. Des opérations sont menées pour privilégier le maintien des liens familiaux des personnes détenues, l'un des meilleurs garants de leur réinsertion : accueil et hébergement des enfants de moins de 18 mois auprès de leur mère incarcérée, amélioration des parloirs et aménagement d'espaces jeux pour les enfants, etc.

Entre 2003 et 2007, 7 unités de visite familiale (UVF) ont vu le jour dans des établissements pour peine. Ils permettent à des personnes condamnées à de longues peines, ne bénéficiant pas de permission de sortir, de recevoir pour une durée pouvant aller jusqu'à 72 heures, dans un local de la taille d'un petit trois-pièces, plusieurs membres de leur famille. Ici encore, les unités de vie familiale sont parfois inoccupées par manque de personnel disponible.

- La santé. Ce sont les hôpitaux qui ont pour mission de prodiguer des soins aux détenus. Pour assurer leur mission, les hôpitaux ont créé des unités de consultation et de soins ambulatoires dans chaque établissement pénitentiaire (UCSA). Les hospitalisations d'urgence et de courte durée sont réalisées dans l'hôpital de rattachement.

Les soins psychiatriques sont également assurés par le service public hospitalier : secteurs de psychiatrie générale intervenant en milieu pénitentiaire pour les soins ambulatoires et services médico-psychologiques régionaux (SMPR) au nombre de 26 pour les soins intensifs et hospitalisations volontaires.

- L'accompagnement par le SPIP. Les services pénitentiaires d'insertion et de probation, services déconcentrés de l'Administration pénitentiaire au niveau départemental, assurent le contrôle et le suivi des personnes placées sous-main de justice, qu'elles soient en milieu ouvert ou en milieu fermé.

Afin de prévenir la récidive et de favoriser la réinsertion des personnes condamnées, ils concourent à l'individualisation des peines privatives de liberté et à la préparation des décisions de justice à caractère pénal.

En milieu fermé, la mission des SPIP est d'accompagner les personnes détenues dans le cadre d'un parcours d'exécution des peines. Le personnel d'insertion et de probation, en lien avec les partenaires institutionnels et associatifs, aide à la préparation à la sortie des détenus, met en place des activités en détention pour conserver l'accès à la formation et à la culture, et aide également à la décision judiciaire, en proposant des aménagements de peine adaptés au profil de la personne condamnée. Il prend alors en compte la situation familiale, économique et financière du détenu, son parcours de vie et l'acte de délinquance qu'il a commis. Le SPIP a également pour mission d'aider à maintenir les liens familiaux.

Les SPIP interviennent également en milieu ouvert, pour le suivi et l'accompagnement des personnes condamnées à une peine alternative à l'incarcération.

Cet accompagnement s'inscrit dans la volonté étatique d'inscrire dans le sens de la peine le volet réinsertion, bien que les moyens investis soient insuffisants pour que celle-ci apporte un réel soutien au détenu.

B. Les souffrances liées à la prison, difficilement compatibles avec la réinsertion

Gresham Sykes, criminologue américain et auteur de « The Society of Captives » en 1958, s'est intéressé à l'aspect sociologique de la prison et à l'impact de la privation de liberté sur les personnes détenues. Il a listé les souffrances éprouvées qui résultent de la privation de liberté en milieu carcéral. Elles sont au nombre de cinq : la privation de liberté, la perte d'autonomie, la perte de sécurité personnelle, la privation de biens et services, la privation de relations hétérosexuelles[1].

1. La privation de liberté

La privation de liberté, principe même de la détention, entraîne la privation de liberté de mouvement, mais aussi et surtout la privation de liberté émotionnelle, dès lors qu'elle prive des relations avec les membres de sa famille. La politique pénitentiaire européenne reconnaît le principe de « imprisonment as punishment not for punishment », et par conséquent la Cour européenne des droits de l'homme reconnaît le droit limité à la vie de famille. Cependant dans la pratique, ce droit est très peu appliqué, ce qui provoque une forte frustration émotionnelle. Cette frustration entraîne également des dommages collatéraux dans la famille. De plus, l'absence d'un membre de la famille peut créer un déséquilibre économique et social : absence du père dans l'éducation de ses enfants ou absence de revenus pour la famille par exemple.

2. La perte d'autonomie

Il y a un principe en prison selon lequel tout ce qui n'est pas permis est interdit, et qui implique une demande de permission pour des besoins primaires tels que l'accès aux toilettes. La perte d'autonomie est une des choses la plus fréquemment relayée par les détenus quand on les interroge sur les effets de la détention. L'humiliation ressentie dans certaines situations dues à la perte totale d'autonomie en prison fait partie de la « violence institutionnelle » souvent dénoncée par les détenus. Elle vient entacher la dignité humaine.

Leo Apostel proposait cette définition de la dignité humaine : « la reconnaissance de l'identité individuelle et sociale, la possibilité de choisir, d'agir et de décider de

1. Snacken S., *Prisons en Europe*, Larcier, Bruxelles, 2013.

façon autonome ». Bien qu'aucune peine ne puisse assurer une liberté totale des condamnés, les peines alternatives prennent en compte le détenu en tant qu'être humain et le laissent disposer de sa liberté de mouvement dans le cadre de ses obligations pénales.

3. La perte de sécurité personnelle

En détention, la vie en collectivité est imposée par le biais du partage de sa cellule avec un codétenu. Le climat de violence qui règne en prison, avec les codétenus et le personnel encadrant, cause une perte de sécurité susceptible d'entraîner des souffrances physiques et morales. Il n'est pas rare d'entendre des témoignages de détenus qui n'osent plus sortir de leur cellule. Le droit pénitentiaire européen reconnaît ce risque d'insécurité et insiste sur la responsabilité des autorités d'y faire face.

4. La privation de biens et services

Le principe de « normalisation » dans la politique pénitentiaire signifie que « la vie à l'intérieur de la prison ressemble le plus possible aux aspects positifs du monde extérieur ». L'approvisionnement en biens et services doit pouvoir être le même qu'à l'extérieur. Mais la jurisprudence ne régule pas cette privation et les rapports de la CPT [1] montrent qu'on est loin d'une normalisation sur le plan de l'accès aux biens et services.

Une étude américaine a démontré que des effets psychosociaux perdurent après la libération. Les détenus qui s'étaient le mieux adaptés à la vie en détention et provoquaient le moins de problèmes sont ceux qui rencontraient le plus de difficultés de réinsertion à leur sortie, car les règles de la vie en détention sont bien

---

1. Comité européen pour la prévention de la torture et des peines ou traitements inhumains ou dégradants, un organe du Conseil de l'Europe.

différentes de celles de la vie en société (perte d'autonomie, assistanat). Cela constitue un dilemme important pour les prisons, qui cherchent non seulement à éviter la récidive, mais également à avoir des prisons calmes, sans évasions ni émeutes. C'est pourquoi le principe de normalisation est important, car si les prisons ressemblent à l'extérieur, la peine permettra une meilleure réintégration dans la société.

5. La privation de relations hétérosexuelles

Il y a une différence entre le droit pénitentiaire et la politique pénitentiaire à ce sujet. Le droit pénitentiaire reconnaît le droit de fonder une famille, le droit de se marier et le droit à des visites familiales, mais pas le droit à la sexualité. La politique pénitentiaire accepte les visites conjugales, via les unités de vie familiale (UVF) qui permettent de limiter les frustrations sexuelles des détenus et donc les violences physiques à l'intérieur de la détention. Cependant ces visites restent rares en raison du manque de moyens pour leur encadrement.

Les cinq souffrances causées par la prison sont d'autant plus dommageables qu'elles provoquent des troubles psychosociaux à long terme, susceptibles d'empêcher la réintégration dans la société. Ces troubles relevés par Sonja Snacken [1], auteur de *Prisons en Europe* sont au nombre de deux : la mortification de l'identité et la dépossession des rôles sociaux, la détérioration des relations familiales et sociales et la désocialisation.

- La mortification de l'identité et la dépossession des rôles sociaux : la prison dépossède la personne de son identité personnelle pour lui attacher une identité de délinquant et de détenu qui conditionnera son traitement en détention. Elle dépossède également la personne du rôle social qu'elle avait acquis à l'extérieur comme le rôle

1. Snacken S., *Prisons en Europe*, Larcier, Bruxelles, 2013.

de parent, époux, travailleur. Les seules conditions dans lesquelles la personne peut retrouver son rôle sont celles d'une activité extérieure, sportive, études, travail qui sont permises en détention. Les visites sont aussi un vecteur d'affirmation du rôle social. Mais ces deux cas de figure restent très rares et ne permettent pas de réaffirmation au quotidien.

- La détérioration des relations familiales et sociales et désocialisation : les relations familiales et sociales sont affaiblies en prison. Les règles de visites ne permettent pas toujours aux proches de s'organiser pour rendre visite au détenu, du fait de leur éloignement géographique ou de la lassitude pour les plus longues peines. La prison exacerbe aussi un sentiment de honte ou d'incompréhension pour les proches, ce qui peut limiter leur implication dans la préservation du lien social. La perte de repères et de liens sociaux sont des effets très difficiles à réparer.

§ 3. Les prisons ouvertes

Les prisons ouvertes existent dans certains pays comme la Finlande où 28% des détenus sont dans des prisons semi-ouvertes[1]. Les détenus travaillent, participent à la rénovation de bâtiments historiques ou à la construction de bâtiments pour les futurs détenus. Ils ont l'obligation de travailler la semaine et d'avoir un rythme de vie normal. Ce format est particulièrement adapté pour la fin d'une longue peine.

En France, un format de prison ouverte avait été envisagé dès 1982, par Robert Badinter qui avait imaginé une maison dans laquelle chaque détenu aurait une chambre et chacun travaillerait. Bien qu'en France, la loi interdise d'imposer aux détenus de travailler ou de se

1. « Prisons ouvertes, un pas vers la réinsertion ? », Bernard Nicolas, 2014 https://www.youtube.com/watch?v=QSDUVUUDVE4.

former, l'objectif était d'éviter à tout prix d'infantiliser et de déresponsabiliser les détenus. Pourtant, la voie qui a été empruntée est celle de la construction en masse de prisons fermées.

Une seule prison ouverte existe en France, c'est la prison de Casabianda en Corse [1], près de Bastia. Elle accueille 190 détenus dans un établissement sans barreau, où il incombe aux détenus de travailler, de se former, de se soigner, ainsi que de préparer leur avenir. Le centre est basé sur un domaine agricole de 1400 hectares pour 2 ou 3 surveillants par jour. Les détenus ont les clés de leur cellule et sont autonomes dans leurs déplacements, tout en devant respecter leurs obligations. Pas d'assistanat, là-bas tout le monde travaille dans l'agriculture, la construction, la restauration, la buanderie… Les activités sont payantes même si c'est symbolique. Le centre incite même les détenus à payer une partie des frais liés à leur incarcération.

L'Administration pénitentiaire expérimente de nouveaux modes de détention pour favoriser l'autonomie des détenus. C'est le cas de la Maison d'Arrêt de Mont de Marsan qui a mis en place le module RESPECT [2]. Chaque détenu est libre de ses mouvements et a les clés de sa cellule, les détenus ont beaucoup plus de liberté, mais aussi beaucoup plus d'obligations. Ils doivent faire au moins 25 heures d'activités par semaine. Le résultat est encourageant. Les détenus ont une meilleure préparation à la sortie et disent retrouver leur dignité et le personnel pénitentiaire ne subit plus d'agression.

Ces alternatives à la prison fermée sont prometteuses et ont prouvé qu'elles sont plus efficaces en termes de lutte

1. Lien social, « Casabianda une prison corse unique en Europe » n°847, 5 juillet 2007, http://www.lien-social.com/Casabianda-une-prison-Corse-unique-en-Europe.

2. « Réinsertion, des prisons pas comme les autres », Joanna Cockerelle, 2017, http://www.france24.com/fr/20170707-sept-jours-france-prison-ile-re-reinsertion-france-detenus?ref=fb.

contre la récidive. Pour se développer, elles demanderont du courage politique et une adhésion totale de la population à un sens de la peine allant au-delà de la punition et de l'infliction d'une souffrance. L'opinion publique, souvent mise en avant pour justifier la mise en place de mesures politiques, a un rôle fondamental dans le système de justice pénale. C'est pourquoi, la suite montrera qu'elle est à la fois influente sur les politiques, mais qu'elle est elle-même très fortement influencée par les médias et les pouvoirs publics eux-mêmes.

Section 4. L'opinion publique : influencée et influente sur la politique pénale

L'opinion publique est à la fois influencée par les médias et par les politiques, mais est également influente sur la politique pénale. Le développement suivant évoque un fait divers très révélateur de cette influence, et aborde le frein que peut constituer l'opinion publique aux potentielles réformes pénales.

§ 1. Le traitement des faits divers entre surmédiatisation et politisation

Cette partie sera illustrée par une affaire qui révèle le processus de médiatisation et politisation des faits divers, qui ont mené à un large durcissement des sanctions pénales et légitimé la punition comme sens premier de la peine.

Le cas que pris en exemple est l'affaire Laetitia, décrite et analysée par le sociologue et historien Ivan Jablonka dans son livre *Laetitia ou la fin des hommes* [1]. Les faits sont les suivants, Laetitia est une jeune fille de 18 ans qui a été agressée par un homme d'une trentaine d'années,

1. Jablonka I., *Laetitia ou la fin des hommes,* Seuil, Paris, 2016.

avant d'être tuée, démembrée et jetée au fond d'un étang le 18 janvier 2011. Originaire de la périphérie de Nantes, Laetitia passe ses cinq premières années en compagnie de sa sœur jumelle dans un climat de violence : son père commet des agressions sexuelles avec violence sur sa mère, cette dernière est dépressive et n'est plus en capacité de s'occuper de ses filles. Les deux jumelles sont alors placées dans un foyer où elles resteront cinq années, puis intégrées en famille d'accueil chez M. et Mme Patron. Cette famille leur apporte un cadre qui leur permet de se construire. On découvrira par la suite que le père de famille, M. Patron, a lui aussi commis des attouchements sexuels sur les jeunes filles.

À la disparition de Laetitia, le 18 janvier 2011, l'affaire est relayée par les médias. Le présumé coupable, Tony Meillon, est rapidement identifié et arrêté par les forces de l'ordre. Mais le corps de la jeune fille reste introuvable, et le présumé coupable ne parlera pas. Après plus de deux semaines de recherches pilotées par la cellule Laetitia, une partie du corps est finalement retrouvée dans un hameau. Laetitia est décédée.

Dans cette affaire, plusieurs éléments vont se superposer et amener l'opinion publique à souhaiter une justice pénale plus ferme et dissuasive : la couverture médiatique et la politisation du fait divers en sont deux causes corrélatives. Les deux phénomènes déterminants de la couverture médiatique sont la caractérisation du criminel comme étant un délinquant sexuel multirécidiviste, et l'interprétation de la vie de Laetitia, notamment de son environnement familial.

Un délinquant sexuel multirécidiviste. Les médias vont très vite caractériser Tony Meilhon de délinquant sexuel multirécidiviste. Le caractère multirécidiviste fait émerger l'idée que la justice a fait preuve de laxisme et que le meurtre de Laetitia aurait pu être évité. Il fait état d'un dysfonctionnement dans le système de justice pénale qui met en danger la société. Pourtant, Meilhon n'a jamais bénéficié d'aménagement de peine et a toujours purgé l'intégralité de ses peines. Envahie par l'émotion du meurtre d'une jeune femme innocente, la société attend des mesures fermes et définitives qui empêchent les contrevenants de recommencer. C'est exactement cette direction que va prendre le gouvernement, présidé par Nicolas Sarkozy. À la suite de la caractérisation par les médias du profil du présumé coupable, Nicolas Sarkozy réclame des mesures sur le suivi des délinquants sexuels, à travers une loi qui impose à ces derniers le port du bracelet électronique à leur sortie de prison. Le Président s'inscrit dans une lutte acharnée contre la récidive, à travers la répression et le durcissement du droit pénal, qu'il avait déjà commencés en tant que ministre de l'Intérieur. Nicolas Sarkozy réagit aux faits divers par une stratégie double pour protéger la société : durcissement du droit pénal et reproches aux juges de ne pas assurer leur mission. En 2005, il fait voter une loi qui allonge la période de sûreté et limite le nombre de sursis. En 2006, il demande à ce que la trace des condamnations des délinquants sexuels soit conservée plus longtemps. En 2007, la loi Dati instaure les « peines planchers ». Quelques mois plus tard, le ministre impose la suppression des remises de peine pour les délinquants sexuels. En 2008, c'est l'apparition de la mesure de rétention de sûreté, une mesure qui rend possible l'enfermement à durée indéterminée d'un criminel jugé dangereux à l'issue de sa peine. Chaque fait divers a marqué l'apparition d'une nouvelle loi de lutte contre la récidive, venant durcir les peines privatives de liberté. Nicolas Sarkozy marque une nouvelle ère, à travers la manifestation d'une forte empathie envers les familles de victimes et la réaction pénale. Dans le livre qui lui est consacré, l'enquêteur confie que « Engendrée par ses parents, tuée par Meilhon, Laetitia a été en quelque sorte inventée par Sarkozy ». Trouver un coupable, c'est ce dont la société a besoin. Nicolas Sarkozy l'a compris, et face à l'impuissance étatique de la lutte contre la récidive, il oriente son discours vers les dysfonctionnements de la justice.

Concernant le caractère de délinquant sexuel du présumé coupable, Ivan Jablonka propose de le commenter. À son sens, le coupable n'est pas un délinquant sexuel. Son parcours de délinquant est plutôt axé sur le vol à main armée. Meilhon est violent et a exercé tout au long de sa vie toutes formes de violence qui l'ont finalement amené à commettre ce crime inhumain. Le fait d'insister sur le délinquant sexuel « induit les Français en erreur, car la majorité des agressions sexuelles surviennent dans la sphère familiale : le mari sur la femme, le pépé sur la jeune fille ». La caractérisation de Meilhon comme délinquant sexuel a été également déterminante dans la récupération par les médias et les politiques, de la vie et l'environnement familial de Laetitia.

L'interprétation de la vie de Laetitia par les médias. Dans le récit du fait divers, c'est la famille Patron (la famille d'accueil des jumelles) qui est mise en avant, au point de faire oublier à la société le père et la mère biologique des jumelles [1]. La famille Patron représente une bonne famille. Le couple a élevé ses enfants dans une grande maison avec jardin en périphérie urbaine. L'histoire est parfaite, Laetitia s'est fait enlever à 50 mètres de la maison de sa famille d'accueil, alors que son père d'accueil l'attendait, inquiet, au moment des faits. La famille d'accueil sera reçue plusieurs fois par Nicolas Sarkozy au cours des longues journées de recherches du corps de Laetitia, tous les médias feront des articles sur la

1. Jablonka I., *Laetitia ou la fin des hommes,* Seuil, Paris, 2016.

famille, alors que le père biologique sera simplement reçu par le conseiller de Nicolas Sarkozy. La famille biologique dit « avoir été bafouée par la justice, et mise à l'écart. Ça nous a fait mal ». Pour l'auteur, « l'élimination du père biologique en plein deuil a des raisons que tout le monde sait, et que tout le monde tait ». En effet, Sarkozy n'aurait pas voulu s'afficher aux côtés d'un délinquant sexuel pour affirmer sa lutte contre la délinquance sexuelle. Pourtant, l'ironie du sort montre qu'en s'affichant aux côtés de M. Patron, découvert quelques années plus tard comme coupable d'actes sexuels à répétition sur ses enfants, c'est simplement ce qu'il a fait.

Cette affaire est très révélatrice de la manipulation qui est faite de la population, par les médias et les pouvoirs publics. La politisation et la médiatisation amènent à généraliser ce phénomène et à attiser la peur. La population s'identifie à la famille de la jeune fille. En cela, l'émotion qui découle du fait divers et de l'imaginaire autour de ces actes entraîne un sentiment d'insécurité de la population, un besoin croissant d'être protégé par l'état et de répondre au crime avec fermeté et sévérité.

§ 2. L'influence de l'opinion publique

La justice pénale intègre trois acteurs, l'auteur, la victime et la société. On observe dans notre système de justice pénale actuel qu'il y a un déséquilibre entre ces trois acteurs[1]. Le plus représenté est la société. Le procès pénal est très révélateur de ce déséquilibre. Lors du procès, l'auteur et la victime ont un temps de parole très réduit. À l'inverse, le procureur qui a pour rôle la protection de la société est très représenté. La société s'identifie à la victime et demande une réparation qui cor-

1. Marc RENART, fondateur du programme Devenirs, Lyon, entretien le 12 juillet 2017.

respond à ce qu'elle imagine être le besoin de la victime, répondant à la souffrance qu'elle endure. Par exemple, les marches blanches sont des manières de soutenir symboliquement la victime. Or on a vu notamment à travers le fait divers de Laetitia que les victimes collatérales comme sa sœur, Jessica, ne se retrouvent pas dans ce type d'action.

Robert Badinter, garde des Sceaux sous Mitterrand, confiait : « Vous ne pouvez pas dans une société démocratique élever ou améliorer la condition des détenus et la rendre meilleure que les conditions des travailleurs libres défavorisés, car la société ne l'admet pas. Ces hommes ont ignoré la loi, ils doivent être punis. Le mot de code pénal est très révélateur, il s'agit de punir : la peine veut dire la douleur, et au fond de l'inconscient collectif il y a cette idée qu'ils doivent payer par la souffrance » [1].

C'est en cela que l'opinion publique résiste à faire changer les choses et c'est cette position qui légitime les mesures répressives des gouvernements successifs et du législateur. Robert Cario ne cesse de répéter « nous avons le système de justice pénale que nous méritons » [2], car nous acceptons le traitement qui est fait de la délinquance et la reproduction sociale qui en découle. Si l'opinion publique a une telle influence sur les politiques pénales en cours, n'est-elle pas l'assurance que son action pourrait déterminer le futur de la justice pénale ? Il semblerait en effet, que la population ait un rôle important à jouer.

1. « Prisons ouvertes, un pas vers la réinsertion ? », Bernard Nicolas, 2014 https://www.youtube.com/watch?v=QSDUVUUDVE4.
2. Robert CARIO, Professeur émérite de Criminologie et fondateur de l'IFJR, Paris, entretien le 3 mai 2017.

2
Des initiatives citoyennes pour une peine réparatrice et réhabilitatrice

> « Il est en effet une aberration de savoir aujourd'hui ces personnes emprisonnées alors même que des peines de réparation existent dans notre arsenal législatif ».
>
> *(Thierry Kuhn et Samuel Gautier)*

Tout au long de mon étude autour des enjeux de la justice, j'ai été amenée à rencontrer des professionnels de l'Administration pénitentiaire et acteurs de la société civile engagés dans la promotion et l'application de peines aux vertus réconciliatrices. Je me suis engagée en tant que bénévole au sein du programme Devenirs de l'association Foyers Matter, un programme de réinsertion pour sortants de prison qui accompagne les compagnons au retour à la vie citoyenne. J'ai participé aux événements de sensibilisation de Chantiers-Passerelles et co-créé avec les volontaires de l'association, un apéro-justice autour de la figure du délinquant, un ciné-débat sur une alternative à la prison et un atelier autour du parcours de réinsertion des détenus. Je me suis formée à la Justice Restaurative, grâce à l'ARAAJR, et obtenu le titre de « Membre de la communauté pour les Rencontres Détenus-Victimes », pour comprendre les enjeux de la Justice Restaurative et me professionnaliser dans le domaine. J'ai eu l'opportunité de visiter la prison de St Quentin Fallavier et de m'entretenir avec la Directrice de la prison, ce qui m'a permis de mettre des images réelles sur une série de témoignages et de chiffres que j'avais découvert au travers de mes lectures. Cette mise en pratique m'a permis de découvrir le secteur de l'intérieur, d'avancer aux côtés de professionnels et de me nourrir de leurs réflexions. Ces expériences m'ont permis de tisser un réseau et d'accéder plus facilement à des entretiens avec les acteurs de terrain.

La réflexion de ce livre s'est construite à partir de témoignages des professionnels de la société civile, engagés pour une justice réconciliatrice, que j'ai pu interroger lors d'entretiens qualitatifs d'environ une heure. Les personnes ciblées étaient des porteurs de projet, fondateurs d'initiatives citoyennes favorisant une pénologie réparatrice et réconciliatrice : Marc Renart du programme Devenirs, Sylvain Lhuissier de l'association Chantiers-Passerelles, Samuel Gautier de l'association Emmaüs Lespinassière et Robert Cario de l'Institut Français pour la Justice Restaurative.

Les entretiens ont également concerné des professionnels travaillant au quotidien aux côtés des personnes sous main de justice accompagnées : Delphine Petit de Wake up Café, Nora Bouguerne de Devenirs, Stéphane Simon de l'ARAAJR, Sophie de Chantiers-Passerelles, Thierry Jollivet de l'ANVP et Armelle Dubois du groupe ARES. Un entretien au démarrage de l'étude avec un professionnel des initiatives citoyennes, fondateur et directeur d'ANCIELA, Martin Durigneux, a également permis de connaître les particularités des initiatives citoyennes vis-à-vis du milieu carcéral.

Cette série d'entretiens a eu pour objectif de m'imprégner de leur connaissance du secteur pour en retirer les enjeux et valoriser leurs actions en faveur de l'implication citoyenne dans la justice pénale.

La deuxième partie de ce livre, venant décrire des initiatives citoyennes qui redonnent du sens à la peine, sera particulièrement enrichie des échanges avec les personnes rencontrées. Cette partie a pour but de présenter une diversité d'initiatives émergentes en France, allant dans le sens d'une peine réconciliatrice. Ces exemples non exhaustifs ont été choisis avec précaution. Ils ont tous la particularité d'être à l'initiative de la société civile. Ils ont tous la particularité d'être des solutions en développement. Ils ont tous la particularité de rechercher la réhabilitation de l'auteur ou la réparation de la victime. Enfin, ils ont tous la particularité d'impliquer les citoyens non professionnels de la justice et plus globalement la société dans l'exécution de la peine.

À travers chaque exemple, sera examinée la place qui est donnée aux citoyens, les externalités positives de ces actions ainsi que les leviers qui permettront d'aller plus loin.

Section 1. Le retour de la réhabilitation en France, initiatives et implications de la société civile

La société civile s'est progressivement emparée de la question de l'insertion ou la réinsertion des sortants de prison. Depuis une trentaine d'années, des associations se sont mises en place pour proposer des outils favorables à la réinsertion des détenus, en lien avec les Services pénitentiaires d'Insertion et de Probation (SPIP). Des associations permettent de rendre visite aux détenus, échanger par courrier avec eux, soutenir leurs familles, pour leur permettre de conserver un lien avec la société. Depuis plus récemment encore, des initiatives fleurissent pour proposer des alternatives à la prison ou proposer des aménagements de peine adaptés aux besoins des détenus. La société s'organise pour faire prendre conscience aux pouvoirs publics ainsi qu'à la population française de son intérêt à agir.

Non exhaustives, seront abordées en particulier les initiatives qui permettent non seulement de prendre en compte les besoins des personnes condamnées, mais également ceux de la société en incluant au maximum les citoyens dans le parcours de réinsertion. Trois types d'initiatives citoyennes favorables à la réconciliation entre les justiciables et la société ont été retenus. Le travail d'intérêt général envisagé comme alternative à l'incarcération pour les courtes peines, le placement extérieur comme aménagement de peine pour préparer son retour à la liberté et enfin les initiatives en détention pour redonner du sens à la peine.

§ 1. Le travail d'intérêt général, une alternative aux courtes peines d'emprisonnement

Le Travail d'Intérêt Général (TIG) est une peine qui a été conçue pour être une alternative aux courtes peines d'emprisonnement. Elle a été rendue possible par la loi du 10 juin 1983[1]. Cette peine a une symbolique particulière, puisqu'elle est la première à impliquer la société civile dans l'exécution de la peine. Il s'agit de faire effectuer à une personne condamnée une activité utile pour la société tout en évitant les effets désocialisant d'une peine d'emprisonnement. La peine peut être effectuée au sein d'une association, entreprise ou d'une collectivité. L'habilitation est remise au cas par cas par le Tribunal de

1. « Travail d'intérêt général (TIG) | service-public.fr ». Disponible sur : https://www.service-public.fr/particuliers/vosdroits/F1407 [Consulté le : 18-juillet-2017].

Grande Instance ou au niveau national pour les structures d'envergure nationale. Aujourd'hui, les structures qui accueillent le plus de tigistes en France, personnes condamnées à un TIG, sont la Mairie, la Croix Rouge, le Secours Catholique, Emmaüs, la SNCF, La Poste.

A. Les enjeux du TIG

Entre 1983 et 2000, le nombre de peines de TIG prononcées a augmenté assez linéairement pour atteindre le chiffre de 25 000 à 30 000[1]. Depuis, on assiste à une stagnation légèrement croissante et un effet de seuil, car ce sont toujours les mêmes structures qui accueillent des tigistes et les mêmes types de profils qui sont proposés. D'après Sylvain Lhuissier, co-fondateur de l'association Chantiers-Passerelles, « Une réflexion plus importante devrait être menée sur la manière dont on pourrait convertir les peines de prison en TIG, ou la proposer à des profils plus « compliqués », notamment en état de récidive. Pour cela, un travail doit être fait sur le contenu et la crédibilité du TIG, notamment auprès des magistrats. ». Il y a donc toute une réflexion à mener pour aller plus loin sur la peine de Travail d'Intérêt Général, en lui donnant un contenu pédagogique favorable à l'insertion du tigiste. De plus, cette peine subit le manque de moyen du SPIP, qui manque souvent de temps pour prospecter auprès des mairies, entreprises, associations pour accompagner des tigistes. Les structures potentielles d'accueil n'ont pas toujours les clés en interne pour décider d'accompagner un tigiste sans aucune appréhension. La décision de prendre en charge un tigiste implique de trouver un poste, sans trop de qualifications requises, qui peut convenir à différents profils de tigiste, de trouver un tuteur volontaire et de rassurer les équipes

---

1. Sylvain LHUISSIER, fondateur de l'association Chantiers-Passerelles, Lyon, entretiens le 28 avril et 20 juillet 2017.

en atténuant les potentielles appréhensions qu'elles peuvent avoir sur la figure de délinquant.

B. Les actions de promotion du TIG de Chantiers-Passerelles

Contribuer à développer la peine de Travail d'Intérêt Général, c'est le pari que s'est lancé Chantiers-Passerelles, l'association lyonnaise de promotion du TIG[1]. Depuis 2014, l'association interpelle, mobilise et agit en faveur du TIG, pour une justice inclusive, humaine, constructive et ouverte sur la société. Le TIG est la seule mesure en France qui implique l'ensemble des parties prenantes : citoyens, entreprises, associations, collectivité. En effet, elle ne peut fonctionner sans l'implication de la société, car elle consiste en l'inclusion totale du condamné au sein des organisations actrices de lien social, à l'inverse de la détention qui isole et exclut le condamné de la société. De plus, le tigiste est suivi au sein de sa structure d'accueil par un tuteur bénévole. Il requiert donc l'implication volontaire d'un citoyen dans l'application de la peine. Ce rôle a un vecteur important de sensibilisation, car il permet de déconstruire les préjugés que la société porte sur les délinquants.

Concrètement, l'association appuie le développement de la peine de travail d'intérêt général par le biais de deux dispositifs : le Forum du TIG et le tour de France du TIG.

1. Le Forum du TIG

Le Forum du TIG est né pour inciter la société à s'impliquer davantage en faveur du TIG. En voici les principales actions :

- Une action de promotion pour faire connaître la mesure auprès des magistrats et professionnels de la

1. Sylvain LHUISSIER, fondateur de l'association Chantiers-Passerelles, Lyon, entretiens le 28 avril et 20 juillet 2017.

justice. Cette action est importante, car elle permet de porter la mesure, de montrer sa pertinence et son ambition. Une mesure doit être portée pour exister aux yeux des professionnels de la justice. On a vu par exemple que la contrainte pénale, mesure nouvellement créée par la loi de 2014 est rapidement tombée dans l'oubli.

- Une action en faveur du partage d'expérience entre les acteurs du TIG. Ces échanges entre pairs permettent de promouvoir la mesure efficacement, en sensibilisant, rassurant les plus sceptiques et en leur montrant les bénéfices qu'ils peuvent en tirer. Ceux qui portent ces mesures sont les structures qui y trouvent un intérêt. Par exemple, on trouve des mairies qui ont un enjeu de prévention de la délinquance ou une association pour qui les tigistes représentent un équivalent temps plein, et permettent de faire vivre leurs activités. Des bailleurs sociaux sont également présents, ils subissent des dégradations sur leurs bâtiments et réalisent qu'il est plus intéressant pour eux d'avoir des jeunes qui viennent travailler dans leurs services, pour se rendre compte que mener une lutte contre le bailleur n'est pas le plus pertinent, plutôt que de les envoyer en prison et qu'ils reviennent encore plus en colère. Non seulement ils ont un intérêt à accueillir des tigistes mais ils ont également tout intérêt à ce que ce soit une expérience réussie.
- Une action d'évaluation d'impact. Beaucoup d'acteurs veulent connaître l'impact de cette mesure, les coûts engendrés, ainsi que les freins au développement de la mesure. En effet, pour pouvoir être le plus efficient dans le développement de la peine, il faut prendre en compte les 5 parties prenantes : le magistrat, le juge d'application des peines, la structure d'accueil, le tuteur et le justiciable. Il faut identifier les objectifs et les freins qui peuvent agir sur chacune des parties prenantes, pour pouvoir les aligner au maximum. Pour couvrir ce besoin, Chantiers-Passerelles a

lancé un projet de recherche avec le laboratoire d'évaluation des politiques pénales. Ce projet viendra compléter la seule étude existante sur le TIG, intéressante, mais peu approfondie, qui avait été réalisée en 1993 à l'occasion des 10 ans du TIG.

- Une action de support aux tuteurs de TIG, à travers des outils et de la formation. Cela part du postulat qu'être tuteur de TIG n'est pas forcément inné et qu'il faut trouver un moyen de valoriser les tuteurs volontaires. Aujourd'hui, les tuteurs de TIG ne bénéficient d'aucune formation et de peu de valorisation. Ils sont simplement relancés par le Ministère de la Justice chaque année pour reprendre des tigistes. En leur proposant des outils et des formations, ainsi qu'un espace d'échange, les tuteurs auront un suivi qui leur sera plus favorable et favorisera le développement de la mesure.

2. Le tour de France du TIG

Jusque-là, seules des actions menées par la justice et orientées vers la société civile ont été faites. Chantiers-Passerelles tente d'inverser la tendance, en maillant un réseau de la société civile à la société civile pour qu'elle se mobilise elle-même autour du TIG et qu'elle puisse donner une nouvelle ambition à la peine[1].

C'est dans ce sens que Chantiers-Passerelles a lancé le tour de France du TIG. Cette action concerne une quinzaine de départements, qui accueilleront une étape du tour de France du TIG à la rentrée 2017. L'idée est de faire un événement d'envergure nationale, mais à l'échelle locale, en prenant en compte l'importance des relations sociales de ce travail.

Chantiers-Passerelles mobilise un réseau de professionnels locaux pour prendre en charge des tigistes

---

1. Sylvain LHUISSIER, fondateur de l'association Chantiers-Passerelles, Lyon, entretiens le 28 avril et 20 juillet 2017.

pendant ou à l'issue de la peine. Ces professionnels sont amenés à se rassembler le temps d'une journée autour d'ateliers sur le travail d'intérêt général, à chaque étape du tour de France du TIG. Pour terminer la journée, une conférence de sensibilisation au grand public est organisée pour faire connaître la peine.

3. Les ambitions de Chantiers-Passerelles pour la peine de TIG

Les actions de Chantiers-Passerelles ont pour objectifs de promouvoir les alternatives à la prison et de donner un nouveau souffle à la peine de travail d'intérêt général [1]. Ces actions viennent en complémentarité du travail des SPIP, pour valoriser le TIG et permettre à des jeunes délinquants, récidivistes ou non, de trouver dans la peine de TIG une opportunité de construire un projet professionnel, retisser du lien social et reprendre confiance en eux.

Pour ce faire, l'association veut permettre à l'État de s'emparer de ces actions. Sylvain Lhuissier confie que l'ambition du Forum du TIG serait de devenir une Agence Nationale du Travail d'Intérêt Général. Le Forum du TIG souhaite contribuer, avec les services de l'État, à faire émerger une organisation nationale liée au Ministère de la Justice qui aurait pour rôles principaux : l'animation du réseau de tuteurs bénévoles (valorisation et formation), la promotion du TIG auprès du grand public (événement et prospection) et l'évaluation du dispositif.

L'objectif est d'œuvrer collectivement pour proposer une peine de TIG de qualité, et lui donner une dimension plus importante. Une des dimensions recherchées par Chantiers-Passerelles, est que la peine de TIG ait un volet réinsertion professionnelle. Elle constitue un temps

---

1. Sylvain LHUISSIER, fondateur de l'association Chantiers-Passerelles, Lyon, entretiens le 28 avril et 20 juillet 2017.

pendant lequel la personne condamnée se forme, apprend à se comporter en collectivité et découvre ses capacités, une expérience non négligeable qui pourrait constituer un tremplin vers une formation, un emploi ou un volontariat.

Le Travail d'Intérêt Général constitue une alternative à l'incarcération pour les courtes peines d'emprisonnement. La société civile doit contribuer à promouvoir la peine d'intérêt général, puisque cette peine s'effectue au cœur même de la société. Ici, on voit que des solutions sont proposées pour que l'État s'empare de la question, prenne en compte le besoin de mobilisation d'un réseau de professionnels pour rendre la peine efficace, et délègue sa coordination aux associations. Récemment mobilisée sur le TIG, la société cherche également à développer la peine de placement extérieur.

§ 2. Le placement extérieur, un aménagement de peine pour réapprendre la liberté

Le placement à l'extérieur est une mesure d'individualisation de peine qui permet à une personne condamnée d'exécuter sa peine ou une partie de sa peine en dehors de la prison [1]. C'est un aménagement de peine sous écrou, comme la semi-liberté et le placement sous surveillance électronique, qui permet à une personne condamnée d'exercer une activité professionnelle, de suivre un enseignement, une formation professionnelle, de rechercher un emploi, de participer de manière essentielle à sa vie de famille, de subir un traitement médical ou de s'investir dans tout autre projet d'insertion ou de réinsertion de nature à prévenir les risques de récidive.

1. Justice.gouv, « Le placement à l'extérieur », Disponible sur : http://www.justice.gouv.fr/prison-et-reinsertion-10036/la-vie-hors-detention-10040/le-placement-a-lexterieur-11995.html [Consulté le : 13-août-2017].

Le placement extérieur peut s'effectuer dans un milieu totalement extérieur à la détention sur toute la durée de l'aménagement de peine. Par exemple, la personne condamnée, faisant l'objet d'un accord par sa conseillère du SPIP, va pouvoir participer à des chantiers d'insertion où il sera hébergé et encadré par une association désignée par le magistrat. Toutes les conditions fixées par le jugement doivent être respectées, comme l'indemnisation des victimes ou l'interdiction de fréquenter des personnes.

Malheureusement, le placement extérieur a été très peu investi par le domaine public. La Fédération des Acteurs de la Solidarité (FNARS) déplore un développement inégal et aléatoire, un financement insécurisé et une évaluation insuffisante pour promouvoir et développer la mesure[1]. Un développement inégal et aléatoire. Dans son rapport, la FNARS déplore le manque de moyens qui sont afférés au placement extérieur. À leur sens, c'est une mesure qui demande une très fine individualisation, mais aucune coordination n'est faite par l'État, ce qui dévalorise les ressources existantes. Par comparaison, le placement sous surveillance électronique a bénéficié, sur quelques années, d'un investissement bien plus important en termes de moyens, d'adéquation de l'offre et de la demande, de diffusion à l'échelle du territoire et de construction d'une politique pénale unifiée au niveau des magistrats.

A. Un financement insécurisé

Le financement des associations de placement extérieur repose sur un forfait journalier par personne prise en

1. Fédération des acteurs de la solidarité, « Le placement à l'extérieur, un aménagement de peine à développer ! » Disponible sur : http://www.federationsolidarite.org/index.php/positions-de-la-fnars-justice/224-positions-de-la-fnars/3162-placementexterireurdevelopper [Consulté le : 13-août-2017].

charge. Cela peut entraîner des difficultés, car le taux de remplissage dépend de la décision des magistrats.

De plus, le coût de la mesure de placement extérieur est élevé, car c'est une mesure exigeante en personnels chargés d'insertion, veilleurs de nuit, formateurs, psychologues. Pourtant, le prix forfaitaire d'une journée versée par l'Administration pénitentiaire est de 35 euros/jour. Cela ne couvre qu'une partie des frais engendrés. Cette situation s'explique par la position de l'Administration pénitentiaire, qui est de dire que les personnes en aménagement de peine doivent être prises en charge par les dispositifs de droit commun. Pourtant, les collectivités territoriales ne sont pas toujours concernées et n'apportent pas toujours l'appui nécessaire. Le financement annexe vient donc du secteur privé, via des fondations, qui restent difficiles à convaincre, car une personne sous écrou relève de l'Administration pénitentiaire. Cela explique pourquoi le placement extérieur reste limité et relève toujours d'un engagement militant.

B. Une évaluation insuffisante

Il n'y a pas de mise en place par l'Administration pénitentiaire d'une évaluation d'impact de la mesure. Cela pourrait favoriser son développement. La FNARS incite à développer des indicateurs liés à l'évolution de la situation sociale des intéressés et à la récidive, de nature à renforcer la crédibilité de la mesure auprès des magistrats prescripteurs, des élus, mais aussi des organismes de financement privés, comme des fondations, qui souhaitent que l'argent placé dans un projet ait un impact social.

Pourtant, la société civile continue de prendre le relais sur le placement extérieur. C'est le cas d'Emmaüs France, qui accompagne Samuel Gautier dans la duplication de la ferme de Moyembrie, un dispositif de placement extérieur[1].

C. La ferme de Moyembrie

La ferme de Moyembrie s'est donné pour mission la lutte contre la récidive des sortants de prison, en proposant un programme de placement extérieur destiné à la réinsertion des personnes sous-main de justice, avant leur sortie définitive du milieu pénitentiaire[2].

Elle propose aux détenus un logement, un travail, un accompagnement social et une vie en communauté. Les hommes sont encadrés par des salariés et des bénévoles pour se reconstruire et bâtir un véritable projet de vie. La ferme picarde au statut de structure d'insertion par l'activité économique (SIAE) développe des activités de maraîchage et d'élevage, écoulant sa production bio (fruits, légumes, viande, œufs, fromages, yaourts) en lien avec six associations pour le maintien d'une agriculture paysanne (AMAP). Elle est rattachée depuis 2009 à Emmaüs France.

Moyembrie c'est d'abord une histoire. L'histoire d'un ingénieur agronome qui a commencé à accueillir un sortant de prison dans sa ferme. Il en a accueilli deux, trois puis quatre avant de se structurer en association et d'être conventionné par le Ministère de la Justice. Petit à petit l'association s'est professionnalisée, mais il reste dans l'ADN un « côté bricolé », confie Samuel Gautier.

La ferme de Moyembrie, chantier d'insertion et dispositif de placement extérieur, est une association bénéficiant de plusieurs dispositifs d'aides publiques : l'aide de la DIRECCTE sur les contrats de travail à durée déterminée d'insertion (CDDI) destinés aux personnes

---

1. Samuel GAUTIER, fondateur du projet Emmaüs Lespinassière, entretien le 16 août 2017.
2. « A l'air libre », Nicolas FERRAN et Samuel GAUTIER, 2016.

sous écrou ; le versement d'un prix de journée par les services déconcentrés de l'Administration pénitentiaire (de 23 à 35 euros par jour et par personne sous écrou) ; l'allocation logement temporaire (ALT1) et les revenus de production permettant un autofinancement de l'ordre de 30%.

D. Emmaüs/Lespinassière

La duplication de la ferme à Lespinassière, dans l'Aude. Samuel Gautier, alors salarié de l'Observatoire International des Prisons (OIP), découvre la ferme de Moyembrie, à l'époque très peu connue, à l'occasion de l'écriture d'un article de la revue « Dedans-Dehors » de l'OIP [1]. Rapidement, il démissionne pour aller passer du temps là-bas. À cette époque, la ferme était en difficulté financière et venait tout juste d'intégrer le mouvement Emmaüs qui les aidait à se structurer. Ils organisaient des commissions sur le modèle économique, sur la vie associative et sur la vie quotidienne du centre. Pendant un an et demi, Samuel Gautier s'est plongé de l'intérieur dans la vie de la structure, allant jusqu'à réaliser un film, « A l'air libre », pour partager cette expérience avec le grand public. À l'issue de ce parcours, alors que la ferme lui proposait de l'embaucher, Samuel a souhaité dupliquer le concept. « J'étais persuadé qu'il fallait d'autres lieux de ce type-là, car ça reste tout petit. Je pense qu'il ne faut pas augmenter la taille, mais qu'il faut multiplier les lieux, entre 20 et 25 détenus c'est déjà beaucoup. Je suis allé voir Emmaüs pour leur demander si ça leur plairait que je parte en projet de duplication de la ferme, ils m'ont dit ok ! ».

Cette aventure l'a mené dans l'Aude, à Lespinassière, dans un village de 130 habitants où Emmaüs avait un lieu historique. Dix résidents seront accueillis dès l'ouverture

1. Samuel GAUTIER, fondateur du projet Emmaüs Lespinassière, entretien le 16 août 2017.

en mai 2018, encadrés par quatre professionnels salariés ainsi que des bénévoles permanents.

À leur arrivée, les porteurs de projet ont bénéficié d'un environnement favorable. L'association avait cette ancienne maison de vacances des compagnons Emmaüs, et la population était attachée au lieu et à sa dimension sociale. Ils avaient déjà été confrontés à la rencontre avec les compagnons. De plus, la population a su entrevoir les intérêts que le village avait à accueillir un tel projet. Il permet de dynamiser le village, apportant de la jeunesse et une attractivité économique. A titre d'exemple, la scierie du village a vu ses commandes fortement augmenter depuis leur arrivée. Aussi, ils ont rapidement organisé des événements pour accueillir les habitants, se rencontrer et créer une vie locale. Cela a permis de dédramatiser les nouvelles que la presse avait pu titrer et fédérer les habitants autour du projet. Le Maire a su convaincre le Conseil Municipal, qui représente déjà 10% de la population du village et aller dans une démarche de soutien du projet.

Autour du projet, il y a cette volonté de réappropriation de la justice par les citoyens. Lespinassière a déjà accueilli une centaine de bénévoles de passage depuis le début de l'année et compte continuer à en accueillir autant au cours des prochains mois, et « surtout quand il y aura les gars ». Samuel Gautier pense même à aller plus loin, ne faut-il pas créer une communauté Emmaüs à côté ? « C'est une vraie question pour moi, car j'ai vu des gars qui n'ont jamais trouvé leur place dans la société, qui viennent à Moyembrie, qui passent deux ans et à qui on dit, « non ta place elle n'est pas là » et on n'a rien d'autre à leur proposer que de partir, et ça c'est terrible. Je pense qu'il faut aussi monter des structures de vie où les gens vont rester, car il y en a pour qui la réinsertion ne veut rien dire. Je réfléchis à un espace de vie communautaire où les gars pourraient rester ». Ici, Samuel Gautier pointe le doigt sur une limite à la réinsertion et apporte des perspectives pour les oubliés de la société. Le projet est en route et promet de contribuer à une nouvelle dynamique. Pour le moment, les plus grandes difficultés rencontrées sont la dépendance financière des acteurs publics, avec qui les correspondances sont lourdes et peu flexibles. L'équipe cherche de nouvelles sources de financements pour pérenniser le modèle à trois ans, s'émanciper des administrations et garantir son objet social.

Les initiatives de placement extérieur restent rares, car elles sont difficiles à mettre en place, autant économiquement que logistiquement. Cependant, le soutien d'associations ou de réseaux existants, comme c'est le cas d'Emmaüs France, permet d'encourager et de pérenniser ces initiatives. Plusieurs initiatives récentes comme celle de Lespinassière marquent la volonté de la part de la société civile de se réapproprier les enjeux de la justice pour lui redonner du sens. C'est le cas du programme de placement extérieur Devenirs à Lyon qui agit dans le même sens.

E. Le programme Devenirs

Le programme Devenirs est une mesure de placement extérieur qui a ouvert à Lyon en octobre 2016. Sa vocation est d'accompagner des personnes sous main de justice pour les ramener à une vie autonome et ordinaire[1].

À la sélection, l'association tente de discerner si les personnes sont en capacité de devenir autonomes, de suivre les obligations du programme et si l'aide du programme peut leur être bénéfique. Si c'est le cas, ils intègrent le programme qui leur propose un accompagnement sur tous les piliers de la réinsertion, dans

1. Marc RENART, fondateur du programme Devenirs, Lyon, entretien le 12 juillet 2017.

un ordre qui n'est pas laissé au hasard. D'abord l'association leur propose un hébergement. Ensuite, elle se concentre sur l'état de santé et l'équilibre personnel des personnes. C'est après seulement, quand des comportements équilibrés réapparaissent, qu'ils commencent à leur proposer des formations professionnelles et des emplois.

L'originalité du programme Devenirs, c'est de combiner réparation et réinsertion en s'appuyant sur une pratique de justice restaurative : les cercles d'accompagnement et de ressource. Pour Marc Renart, l'accompagnement à la réinsertion est une action de tous les instants, c'est pour cette raison qu'il faut constituer un cercle de personnes bienveillantes autour des compagnons pour les aider à réapprendre à vivre dans la société. Ce cercle de bénévoles rencontre régulièrement le compagnon pour partager des sorties culturelles ou sportives, lui proposer un accompagnement à la vie quotidienne, des cours de français ou de théâtre. Cela lui permet de s'ouvrir à de nouvelles disciplines et d'entrer progressivement en contact avec l'extérieur.

La coordination de ce cercle est faite par les permanents du programme pour assurer un accompagnement global. Pour Nora Bouguerne[1], chargée d'accompagnement au sein du programme Devenirs, un accompagnement global doit être favorisé au détriment d'un accompagnement dispersé comme c'est aujourd'hui le cas. Un accompagnement dispersé n'est pas efficace, car les sortants de prison ont subi une perte d'autonomie en prison et peinent à entreprendre des démarches administratives ou à répondre aux sollicitations d'interlocuteurs différents. Nora parle d'une proximité nécessaire avec les personnes accompagnées, un lien

---

1. Nora BOUGUERNE, cheffe de projet chez Devenirs, Lyon, entretien le jeudi 20 juillet 2017.

social qui permet la valorisation de l'autre. Pour elle, les alternatives à la prison qui proposent un réel suivi sont efficaces, elles ne sont pas efficaces par essence. « Il faut une prise en charge globale et un contact régulier, sinon on n'apporte rien. Sauf si le mec a la ressource intérieure de s'éloigner de lui-même de son réseau, mais c'est rarement le cas ». C'est pourquoi le programme Devenirs propose aux « compagnons », les sortants de prison qui sont accompagnés, un accompagnement global dont le suivi est assuré par Nora Bouguerne, chargée de mission. Son rôle est de coordonner la prise en charge de chaque compagnon par des partenaires santé ou socioprofessionnels. Leur emploi du temps est fixé en fonction de leurs besoins et des disponibilités des partenaires.

Une maison de transition. Le mot d'ordre de Devenirs, c'est utiliser la vertu du collectif pour recréer des liens sociaux entre eux et avec l'extérieur. Le projet initial, qui reste une ambition à terme, était de créer une maison de transition. Ce sont des maisons dans lesquelles les personnes sous main de justice sont totalement prises en charge et sont accompagnées à la réinsertion à travers un cadre de vie collectif. Dans ces maisons isolées, les personnes évoluent progressivement vers une forme de vie plus autonome. Malheureusement, l'Administration pénitentiaire n'était pas favorable à ce projet au démarrage, de peur de reproduire les schémas de la détention. Mais le projet reste dans la tête des fondateurs qui espèrent pouvoir monter ce type de structure dès que possible. Cette maison constituerait un sas au démarrage avant de proposer aux personnes qui en sont capables de réintégrer au cours du programme des appartements indépendants dans la ville.

Comment aller plus loin ? Avant son démarrage, le programme Devenirs a fait l'objet de six années de conceptualisation et de recherche de partenaires. Cette année, le passage de la théorie à la pratique a permis aux fondateurs de mettre le doigt sur la réalité de l'accompagnement de personnes qui sortent de prison. Beaucoup de réajustements ont été faits depuis le démarrage, l'association a un tissu de partenaires très riche et apprend de son expérience.

Aujourd'hui, Marc Renart, un des co-fondateurs du programme, pointe du doigt un élément essentiel à la réinsertion qui est souvent sous-estimé par l'Administration pénitentiaire et par tous les acteurs qui envisagent la réinsertion sans l'avoir expérimentée : le temps. Pour lui, un travail d'accompagnement de qualité suppose d'avoir les personnes en charge pendant beaucoup de temps, car « on ne refait pas en trois mois ce qui a été défait en vingt ans ». C'est un problème que personne ne pose, car c'est l'expérience qui le démontre.

Pour lui, les outils existent et sont sous-utilisés : « En utilisant les outils qu'on a, sans rien révolutionner sur le plan légal, on pourrait faire beaucoup plus ». Parmi les outils existants, Marc en pointe un en particulier : les aménagements de peine. Depuis 2014, la loi autorise les aménagements de peine sur une durée de deux ans, une avancée selon Marc Renart pour la réinsertion et la lutte contre la récidive. Pourtant les aménagements de peines continuent d'être prononcés pour quelques mois « soit on ne les a pas pour longtemps et si on les a pour longtemps c'est à notre charge financièrement ». Il y a une frilosité des juges, souvent trop éloignés des peines alternatives. Il explique avoir discuté avec des Juges d'Application des Peines qui ne connaissent pas les alternatives locales à la prison. L'association Devenirs est allée rencontrer les magistrats qui ont été séduits par le programme et se sont montrés très ouverts, car peu de structures avaient fait cette démarche.

Ce que montre l'association, c'est que la société civile permet d'ouvrir la voie à une collaboration entre les acteurs associatifs, judiciaires et l'Administration pénitentiaire. Elle lance une dynamique qui sera favorable aux changements de pratiques pour une justice plus efficace.

§ 3. Les ateliers en détention, pour éviter la désocialisation des détenus

De nombreuses associations interviennent en prison depuis des années, en collaboration avec le SPIP, pour permettre aux détenus de suivre une formation en prison, de participer à des cours de philosophie, proposer des activités sportives, des ateliers culturels et plus globalement garder un lien avec le monde extérieur.

C'est le cas de l'Association Nationale des Visiteurs de Prison (ANVP), fondée en 1932, qui regroupe 1200 visiteurs de prison bénévoles dans 190 établissements pénitentiaires sur tout le territoire français[1]. Cette association permet aux détenus qui le souhaitent d'obtenir une visite hebdomadaire d'une personne extérieure à la prison. De la même manière, le Groupement Etudiant National d'Enseignement aux Personnes Incarcérées (GENEPI) œuvre depuis 1976 pour favoriser le décloisonnement des institutions carcérales par la circulation des savoirs entre les personnes enfermées, ses bénévoles et la société civile. Ce sont également 1200 bénévoles qui interviennent chaque année en milieu carcéral pour

1. A. N. des V. de Prison, « Accueil ANVP - Association Nationale des Visiteurs de Prison ». Disponible sur : http://www.anvp.org/ [Consulté le : 7-août-2017].

proposer des ateliers aux détenus[1]. Plus récemment, des initiatives se sont développées en local pour préparer le retour à la liberté et favoriser au maximum la réinsertion des détenus. C'est le cas de l'association parisienne « Wake up Café » et du projet « Dedans-Dehors » du groupe d'entreprises d'insertion Ares.

A. Wake up Café

Wake up Café[2], qui se définit comme une association d'aide à l'insertion de la population carcérale par la promotion des talents, s'est donné pour mission l'accompagnement des détenus de leur lieu d'incarcération à une réinsertion durable. Pour favoriser l'insertion des sortants de prison, cette association fonctionne par un accompagnement dedans-dehors. Elle rencontre les personnes en détention recommandées par le SPIP ou via des ateliers artistiques et culturels. Wake up Café peut s'inscrire dans des aménagements de peine pour pouvoir préparer au mieux les projets construits avec les détenus.

L'un des paris de Wake up Café, c'est de redonner confiance aux personnes détenues, à travers la beauté, la créativité, la musique et toute forme d'art qui « élève et révèle à chacun la part de ce qu'il est et redonne envie d'avancer »[3]. Les ateliers artistiques proposés en prison, peuvent être des ateliers chorals, théâtre, arts plastiques, beauté et bien-être, atelier fleuri, expression corporelle et portrait, notamment. Ces projets et ateliers artistiques ont pour objectif de changer leur regard et de changer notre

---

1. Genepi « GENEPI : Groupement Etudiant National d'Enseignement aux Personnes Incarcérées » Disponible sur : http://www.genepi.fr/ [Consulté le : 7-août-2017].
2. Wake up Café « Association Wake up Café (WKF) - Site officiel ». Disponible sur : https://www.wakeupcafe.org/ [Consulté le : 5-juillet-2017].
3. Delphine PETIT, responsable insertion chez Wake up Café, Paris, entretien le 5 juillet 2017.

regard, celui de la société. En participant à ces ateliers, l'association permet aux détenus de sortir de l'ennui et de ses conséquences, et de combattre la désocialisation et l'enfermement sur soi. Quelque part, Wake up Café tend vers un idéal, que le premier jour de condamnation soit le premier jour de réinsertion. Pour cela, Wake up Café s'attache à développer des projets spécifiques liés à la personnalité des détenus. L'association permet également de faire évoluer le regard de la société, pour progressivement leur laisser une place et éviter la récidive.

Une fois sorties, les personnes sont accueillies une première fois dans les locaux de Wake up Café à Paris. L'association poursuit l'accompagnement qui a été commencé en détention, sans limites dans le temps en mobilisant pour eux un réseau de partenaires dans l'emploi, le logement et l'accès aux soins. Des temps de partage conviviaux sont organisés deux fois par mois avec une communauté de bénévoles qui gravitent autour de l'association. Ils prennent la forme d'un dîner convivial où sont mises à l'honneur toutes les bonnes nouvelles du mois et d'un groupe de parole pour travailler sur ses forces afin de faciliter une réinsertion sociale. Ce sont aujourd'hui une cinquantaine de bénévoles qui participent activement aux activités ou parrainent les « Wakers », nom qui identifie les sortants de prison accompagnés.

Sur la question des difficultés, Delphine Petit confie qu'elles sont communes à celles du personnel de l'Administration pénitentiaire en prison et de tous les intervenants : « il n'y a pas assez de place, pas assez de disponibilités, pas assez de personnel ». La volonté est là, le personnel de l'Administration pénitentiaire voudrait faire évoluer la peine de prison. C'est le cas de la directrice de la prison de St Quentin Falavier qui disait qu'avec plus de moyens, elle commencerait par multiplier les activités proposées aux détenus. Pourtant, Delphine

Petit dit bien qu'aujourd'hui, le manque de moyens ne permet pas de donner la priorité aux activités. Pour illustrer l'incompatibilité de la prison avec les personnes incarcérées, elle donne une image « C'est comme si on punissait un enfant toujours de la même manière et que l'enfant reproduisait toujours la même bêtise, ce n'est pas l'enfant le problème, c'est la punition ». Pourtant, la sanction est utile, car elle permet de faire réfléchir, mais la prison est trop destructrice « A mon sens, pour les jeunes qui ont 20-25 ans et qui ont fait des petits délits, il faudrait trouver quelque chose qui ne les abîme pas, qui n'a pas l'effet destructeur que la prison a aujourd'hui ».

On l'a vu, cette association propose des ateliers qui permettent aux détenus de mieux vivre leur temps en détention pour qu'il soit plus propice à la réinsertion et à la lutte contre la récidive. Elle redonne du contenu à la peine et permet d'offrir une ouverture vers l'extérieur. Bien qu'elle soit limitée par les moyens humains de la détention, ce pont avec la société permet de recréer du lien social via un réseau de bénévoles qu'elle mobilise, et de redonner la volonté de s'en sortir. D'une autre manière, le groupe Ares est en train de développer un programme de réinsertion en suivant une logique d'accompagnement dedans-dehors. Une initiative portée par des citoyens non professionnels de la justice, mais élaborée en lien étroit avec l'Administration pénitentiaire.

B. Le projet Dedans-Dehors

Le Groupe Ares, groupe d'entreprises d'insertion créé en 1991 et dont la vocation principale est de favoriser l'insertion des personnes en grande exclusion, développe un programme de réinsertion de sortants de prisons[1]. C'est une expérimentation croisée entre le ministère de la Justice

---

1. ARES « Accueil Groupe ARES ». Disponible sur : http://www.groupeares.fr/ [Consulté le : 9 août 2017].

et le ministère du Travail, qui prévoit de faire entrer des Structures d'Insertion par l'Activité Économique en milieu carcéral[1]. L'objectif d'implanter des structures d'insertion en détention est de préparer les détenus à leur sortie et avoir un impact sur la récidive. Le ministère du Travail a lancé une dizaine d'expérimentations en France, permises par la loi de 2009 qui reconnaît la possibilité d'entrer des SIAE en détention et d'un décret en décembre 2016. Armelle Dubois, la cheffe de projet chez Ares, travaille à la conception du projet depuis 2 ans et demi. Pour elle, l'accompagnement d'une personne sortant de prison demande une intensité considérable, notamment en termes de résolution des problématiques sociales, « car ces personnes ont beaucoup de difficultés souvent préexistantes à la détention et exacerbées par l'enfermement ». C'est pourquoi, la démarche du projet est de mettre à profit le temps de la peine pour commencer le travail de réinsertion tout en assurant une continuité à la sortie. Cela permet de rendre les détenus acteurs de leur parcours.

1. Fonctionnement

L'expérimentation a été lancée en juillet 2017 dans le « quartier nouveau concept » de la prison de Meaux, où 45 détenus sont enfermés. Le programme a une durée de six mois en détention suivi d'un accompagnement à la sortie du détenu. À l'intérieur, la première phase de deux mois consiste à prendre en charge 15 détenus sur les problématiques sociales (addictions, niveau de langue) à travers des formations collectives. La deuxième phase de quatre mois intègre 30 détenus dans les SIAE à hauteur de trois jours par semaine. Les détenus sont rémunérés à l'heure au SMIC pénitentiaire, soit 45% du SMIC. Ce

1. Armelle DUBOIS, cheffe de projet Dedans-Dehors, Paris, entretien le 9 aout 2017.

temps de travail est complété par des formations aux savoirs de base, un accompagnement individualisé à l'élaboration du projet professionnel. À la sortie, les personnes sont suivies pour mettre en place tout ce qui a été décidé pendant le parcours et travailler sur les problématiques sociales. Dehors, le Groupe Ares devient prescripteur, il s'appuie sur son réseau de professionnels pour diriger les sortants de prison vers des dispositifs existants et adaptés, que ce soit des partenaires emploi, santé ou hébergement en fonction des besoins. ARES a déjà 4 entreprises d'insertion dans le 93 et le 94, le secteur de la prison qui héberge le programme.

Les détenus participant au programme passent par une phase de sélection rigoureuse. Il n'y a pas de sélection par rapport à la longueur de la peine, il faut uniquement que le détenu ait encore 6 mois de peine à effectuer avant de sortir. La sélection porte avant tout sur la motivation « On est tellement exigeant dedans qu'il faut qu'ils soient motivés, tu ne viens pas là par hasard sinon tu ne tiens pas » (Armelle Dubois).

2. Un projet co-construit avec l'Administration pénitentiaire

La richesse du projet tient également à la collaboration entre le secteur privé et le secteur public impliqués dans les missions de réinsertion des sortants de prison. Les Conseillers Pénitentiaires d'Insertion et de Probation n'ont pas les moyens humains d'assurer leurs missions d'accompagnement à la réinsertion. D'après Armelle « ils travaillent en mode priorité, et compte tenu des moyens, la réinsertion ne peut pas faire partie de leurs priorités ». Pour ne donner qu'un exemple, en période estivale, les CPIP sont seulement 4 pour assurer le suivi de 1200 détenus de la prison de Meaux. La conceptualisation du programme les a également amenés à définir les rôles de chacun, pour que Ares ne fasse pas « à la place de », mais puisse avoir une valeur ajoutée du fait de leur expertise. Cette collaboration est d'autant plus bénéfique, qu'elle fait intervenir des pratiques professionnelles très complémentaires, par exemple, elles n'ont pas le même rapport à la personne. Le personnel de l'Administration pénitentiaire est souvent dans un rapport de force et infantilisant, vis-à-vis des détenus, du fait des sous-effectifs et de leur position dans l'exécution de la peine. À l'inverse, le personnel du Groupe Ares a plutôt l'habitude d'être sur des rapports d'égal à égal.

Le projet a mis du temps à aboutir, car il a fallu attendre d'obtenir les autorisations des deux ministères impliqués. Ce temps a permis aux équipes projet d'Ares de se familiariser avec le milieu pénitentiaire et de co-construire le projet avec les professionnels concernés. Entre novembre et juin dernier, l'équipe a passé 5h tous les 15 jours en détention, avec le directeur et trois conseillers d'insertion affectés au quartier nouveau concept ainsi que le personnel de surveillance pour co-construire le programme.

3. Les premiers résultats visibles

Encore trop tôt pour parler d'impact cependant les premiers résultats visibles après un mois de participation au programme sont le changement de pratique entre les détenus et le personnel pénitentiaire. Les rapports de violence physique et verbale laissent place à des rapports plus paisibles et basés sur la confiance. D'après Armelle, « on a passé le stade de la revendication, les détenus sont aujourd'hui capables de dire « Merci lieutenant ». Le personnel pénitentiaire a également un nouveau regard sur les détenus. À titre anecdotique, Armelle confie que la politique chez Ares est que les permanents passent beaucoup de temps à travailler avec les personnes accompagnées. Alors que le Directeur Général d'Ares venait visiter le programme et allait travailler un moment avec les détenus, le Directeur Pénitentiaire d'Insertion et de Probation de la prison a également fait la demande de venir travailler avec les détenus à l'atelier.

Les initiatives présentées dans cette sous-partie sont portées par la société civile et ont toutes l'ambition de s'investir dans le parcours de réinsertion des justiciables. Elles interviennent à des niveaux différents de la peine pour pouvoir proposer des mesures pour tout type de profil. Ces associations travaillent toutes en collaboration avec l'Administration pénitentiaire, ce qui permet une complémentarité et une cohérence dans l'application des peines. Elles constituent un large panel de solutions pour le SPIP, dont le rôle est de placer les personnes sous main de justice qu'elle accompagne dans des dispositifs adaptés à leur profil. Au-delà de la réinsertion des condamnés, la réparation des actes commis est une étape essentielle pour aller vers une réconciliation entre la société et les personnes condamnées. Cette seconde sous-partie révélera l'organisation d'une partie de la société pour prendre en compte les victimes, les infracteurs et la société pour restaurer la paix sociale.

Section 2. L'émergence de la réparation au cœur de la peine à travers la Justice restaurative

La réparation est un élément indispensable pour qu'il y ait réconciliation entre l'auteur de l'infraction et la société. On l'a vu en première partie, la réparation a longtemps été au cœur de la peine, mais l'avènement de la rétribution a petit à petit effacé cette notion de réparation, pour laisser uniquement dans la justice pénale la possibilité d'une réparation pécuniaire des victimes, à travers le prononcé par le juge de dommages-intérêts. Pourtant, la Justice réparatrice existe depuis une trentaine d'années aux États-

Unis et au Canada et permet aux victimes et aux infracteurs d'entrer dans un processus de restauration de lien social. Cette forme de justice ne constitue pas une alternative à la peine, mais vient apporter un nouvel élément qui permet à toute victime et à tout infracteur qui le souhaite de tenter de restaurer l'harmonie sociale. Les associations françaises se sont approprié la justice réparatrice pour en faire émerger des mesures de Justice restaurative. Des associations se sont créées et des expérimentations de Justice restaurative ont eu lieu, pour finalement obtenir l'encadrement par la loi du dispositif le 15 août 2014 (V. également la Circulaire de mise en œuvre du 15 mars 2017). Cette partie sera consacrée à la Justice restaurative, une initiative adaptée aux enjeux de la justice pénale.

§ 1. Qu'est-ce que la justice restaurative ?

« Les promesses de la Justice restaurative conduisent à redonner aux parties et aux personnes concernées, qui le souhaitent, la possibilité de se réapproprier le conflit, de redevenir sujets actifs dans la prise en charge des conséquences immédiates du crime par la justice pénale et, surtout, dans la prise en compte, parallèlement, au quotidien et aussi longtemps que nécessaire, de ses répercussions d'ordre personnel, familial, plus largement social, au travers des mesures restauratives disponibles »[1] (Robert Cario, 2010).

D'après l'Institut Français pour la Justice Restaurative (IFJR)[2], la Justice restaurative offre un espace inédit,

---

1. IFJR, « Formation Devenir Membre de la Communauté », *support de formation*, 2017.

2. IFJR, « Généralités sur la justice restaurative », 10-mars-2015. Disponible sur : http://www.justicerestaurative.org/fr/article/generalites-sur-la-justice-restaurative [Consulté le : 09-oct-2016].

professionnel et sécurisé, de parole et d'échange sur les ressentis, les émotions, les attentes de tous les participants concernés par le crime autour des questions du « pourquoi » et du « comment », exceptionnellement posées durant le procès pénal et lors de l'exécution des peines. Dans la confidentialité et le respect mutuel, les intéressés cheminent vers un horion d'apaisement, sans aucun jugement.

Les mesures de justice restaurative s'inscrivent dans un processus dynamique. Elles supposent la participation volontaire de l'auteur, de la victime, de toutes celles et ceux qui s'estiment concernés par le conflit de nature criminelle, afin d'imaginer ensemble les réponses et/ou les solutions les meilleures pour chacun, de nature à conduire à la réparation de tous et à la restauration de l'harmonie sociale. Cela passe par la resocialisation de l'infracteur après l'exécution des obligations qui lui incombent, la réintégration de la victime après réparation de tous ses préjudices et le rétablissement de la paix sociale au sein de la communauté.

§ 2. Ses principes fondateurs

Dans la lignée des travaux pionniers d'Howard Zehr, de nombreux auteurs ont contribué à expliciter ce qu'est la justice restaurative. En voici les principes fondateurs [1] :

- la justice restaurative est dédiée aux victimes, aux auteurs d'infraction ainsi qu'à la communauté, c'est-à-dire équitablement à toutes les personnes pour qui l'infraction a eu des répercussions ;

---

1. IFJR, « Généralités sur la justice restaurative », 10-mars-2015. Disponible sur : http://www.justicerestaurative.org/fr/article/generalites-sur-la-justice-restaurative [Consulté le : 09-oct-2016].

la justice restaurative est inspirée de pratiques communautaires présentes dans toutes les régions du monde ;

- la justice restaurative offre essentiellement un espace de dialogue qui facilite l'expression. Le pardon n'est en aucun cas sa finalité ;
- la justice restaurative repose sur des valeurs spirituelles et humaines laïques ;
- les bienfaits de la justice restaurative reposent sur le processus restauratif et non essentiellement sur le résultat. En ce sens, chaque protagoniste est libre de quitter le dispositif en cours, à tout moment ;
- la justice restaurative agit sur tout type de crime ou délits, il est même avéré qu'elle a d'autant plus d'impact sur les infractions les plus graves ;
- la Justice restaurative dans son application française suit un principe fondamental : la complémentarité avec la justice pénale. Le choix de la Justice restaurative est de s'inscrire dans le processus pénal, elle n'a pas vocation à refonder le système, mais à faire évoluer le système de l'intérieur en y apportant une nouvelle possibilité d'action. En cela, elle traite des répercussions personnelles, familiales et sociales sans constituer une quelconque alternative à l'incarcération. C'est la vision maximaliste de la justice restaurative qui est proposée ici, contrairement à la vision minimaliste qui consiste à considérer la justice restaurative comme une alternative à la justice pénale, qui n'aurait pas permis à ces mesures de s'intégrer au système existant.

§ 3. Les sept mesures existantes [1]

Ces mesures peuvent être appliquées à tous les stades de la procédure, que ce soit en pré-sentenciel, pendant le procès ou en post-sentenciel. Aujourd'hui, l'IFJR propose de nombreuses formations pour mettre en place largement les Rencontres Détenus Victimes (RDV) ou Rencontres Condamnés Victimes (RCV) en France, qui ont été testées la première fois en 2010. Les autres mesures ont déjà fait leurs preuves au Canada et aux États-Unis, certaines sont en cours d'expérimentation en France. La médiation pré-sentencielle fait l'objet d'expérimentations, notamment à Lyon par l'Avhonor.

Pour l'ensemble de ces mesures, deux conditions indispensables : que l'auteur ait reconnu les faits et que chacune des parties soit volontaire pour se rencontrer (V. art. 10-1 C.pr.pén.).

A. Les rencontres détenus-victimes (RDV) ou les rencontres condamnés-victimes (RCV)

Cette mesure de justice restaurative repose sur un espace de parole où un groupe de condamnés et un groupe de victimes, qui ne se connaissent pas, mais qui sont concernés par le même type d'infraction, échangent sur les répercussions de l'acte commis au cours d'une session de 5 à 6 rencontres.

L'animation est assurée par deux tiers indépendants et impartiaux, spécialement formés. Les animateurs sont généralement des professionnels de la justice, conseillers pénitentiaires d'insertion et de probation, personnels

---

1. IFJR, « Généralités sur la justice restaurative », 10-mars-2015. Disponible sur : http://www.justicerestaurative.org/fr/article/generalites-sur-la-justice-restaurative [Consulté le : 09-oct-2016].

d'association d'aide aux victimes ou éducateurs de la Protection Judiciaire de la Jeunesse (PJJ).

Ces rencontres mobilisent des personnes de la société civile, appelées « membre de la communauté » dont le rôle est principalement l'écoute et le soutien aux personnes. Ces bénévoles sont formés spécifiquement et témoignent de l'intérêt que la société porte à ces personnes et à la démarche qu'ils ont entreprise.

B. La médiation restaurative

La médiation restaurative est un échange entre une victime et un auteur liés par la même affaire, elle peut durer d'une heure à une journée. La médiation demande un temps de préparation des participants qui peut aller d'une à deux années, assurée par le médiateur. La médiation peut intervenir en post-sentenciel ou en pré-sentenciel.

Si la Belgique l'expérimente depuis une dizaine d'années déjà, en France, c'est à Lyon, notamment, qu'une première expérimentation a été faite le 1er mars 2016. L'association Avhonor, portée par des avocats honoraires propose la médiation restaurative comme mesure de justice restaurative en pré-sentenciel, c'est-à-dire avant le procès, pour que la victime et l'infracteur puissent discuter en face à face. Alain Aucoin, président fondateur de l'association explique que rien n'existait en pré-sentenciel avant la création de cette association, et que la loi ne prévoyait rien à cet égard. L'objectif des rencontres avant le procès est double : responsabiliser les infracteurs en leur faisant prendre conscience des dommages causés et apaiser les victimes. Si un accord est trouvé entre les deux parties au moment de la médiation, alors il pourra être proposé au juge. En revanche, ce n'est pas l'objectif initial. Pour le choix des affaires, il n'est pas lié au type d'infraction commise, puisqu'il n'y a aucune restriction à ce niveau[1].

C. La conférence restaurative

La conférence restaurative est un espace de dialogue entre les personnes affectées par un crime causé. Il est composé, d'une part, de la victime et/ou de proches et de personnes considérées comme particulièrement « dignes de confiance » ; de l'infracteur, de proches et de personnes considérées comme particulièrement « dignes de confiance ». Cette conférence est encadrée par deux animateurs, spécialement formés.

L'objet de cette conférence est de participer activement à l'atténuation des répercussions du crime. Les participants à la conférence cherchent à trouver des solutions à mettre en place pour que chacun puisse avancer. Cette mesure permet d'envisager des modalités d'aide que l'environnement familial et social pourrait apporter aux intéressés. Ce type de mesure est particulièrement adapté aux mineurs, pour associer leur famille au dispositif et favoriser leur responsabilisation.

D. Le cercle restauratif judiciaire

Le cercle restauratif judiciaire est une mesure de justice restaurative en sentenciel qui a pour objectif de trouver un consensus sur la peine encourue, dommages et intérêts, et toutes décisions que le juge pourrait prononcer en réaction à l'acte commis.

Ce cercle est constitué d'une victime et/ou de proches, de l'infracteur et de proches, ainsi que de membres de la communauté qui le souhaitent. Le cercle est présidé par un juge, simple participant dans le premier temps du cercle. À

---

1 Pour les autres modalités de mise en œuvre de la médiation restaurative, V. justicerestaurative.org.

l'issue des échanges, si le groupe trouve un consensus, le juge érigera les décisions prises en décision judiciaire normale.

E. Le cercle restauratif

Le cercle restauratif est une mesure qui concerne des situations ne permettant pas d'engager l'action publique, c'est-à-dire des affaires ayant fait l'objet d'un classement sans suite, d'un non-lieu, de prescription des faits, d'un jugement de relaxe par exemple. L'espace de dialogue est ouvert à toutes les personnes qui estiment avoir été concernées par l'infraction. Il permet d'expliquer, notamment les caractéristiques du traitement judiciaire de l'affaire, afin d'offrir à chaque participant la possibilité de cheminer vers un horizon d'apaisement, y compris en l'absence de réponse pénale.

F. Le cercle de soutien et de responsabilité (CSR)

Ce cercle se met en place au stade du retour à la liberté. Le CSR est exclusivement destiné aux délinquants sexuels, évalués à fort risque de récidive et n'ayant aucun contact social à leur sortie. Il peut durer de 6 mois à 10 ans. Un groupe de personnes se mobilise autour de l'ancien détenu pour l'aider dans sa réinsertion.

Le coordonnateur du cercle, spécialement formé, rencontre le détenu quelques mois avant sa sortie et lui propose de constituer un cercle de soutien et de responsabilité. Si le détenu est dans une démarche de réinsertion et qu'il répond aux critères de reconnaissance de l'acte commis, alors le cercle se constitue.

Quatre ou cinq bénévoles de la communauté constituent le « Premier cercle ». Ce sont des personnes habitant sur le même territoire que le sortant de prison. Ils vont rencontrer en présence du coordonnateur le détenu en détention. Ce dernier leur explique son affaire, mais ils n'ont pas accès au dossier pénal. Un « Deuxième cercle » est également créé pour répondre, individuellement, aux difficultés éventuellement rencontrées par les bénévoles du premier cercle dans l'accompagnement du membre principal. Il se compose de professionnels spécialement compétents dans le champ de la justice pénale, de la santé et du social. Des personnels du SPIP peuvent également y être intégrés.

G. Le cercle d'accompagnement et de ressources (CAR)

Le cercle d'accompagnement et de ressources est un dispositif similaire au CSR, mais il s'ouvre à des infractions d'autres types que celles à caractère sexuel. La différenciation permet de garder la crédibilité des CSR qui a été reconnue scientifiquement au niveau international et d'ouvrir le dispositif à d'autres infractions. Le CAR répond aux mêmes conditions de fonctionnement que celles applicables aux CSR.

Pour ces deux mesures, CSR et, CAR, la doctrine considère qu'il s'agit de « pratiques restauratives » et non de mesures de justice restaurative à proprement parler, car il n'y a pas d'intervention directe de la victime dans le dispositif. Néanmoins, des personnes qui ont pu être victimes peuvent, au titre de bénévoles de la communauté dans le 1er cercle, participer au dispositif, mais elles ne sont pas là en tant que victimes.

Section 3. Contexte d'apparition de la Justice restaurative [1]

Les défenseurs de la Justice restaurative justifient l'apparition et le développement de la justice restaurative par le contexte dans lequel la justice pénale évolue en France. Ils considèrent ces pratiques comme une réponse nouvelle venant prendre en compte les personnes concernées par le crime, en totale complémentarité avec le système de justice pénale actuel. À leur sens, il y a trois raisons qui ont mené à l'apparition de la Justice restaurative et à sa mise en place en France :

- la crise de la pénalité moderne ;
- la reconsidération de la personne victime :
- la redécouverte des pratiques ancestrales de résolution des conflits.

§ 1. La crise de la pénalité moderne

Les pratiques répressives dans le système de justice pénale n'aboutissent à aucune solution efficace pour lutter contre la délinquance. Pour l'illustrer, une étude a été faite aux États-Unis sur les pratiques qui permettent de lutter contre la criminalité. Parmi celles qui sont connues et pratiquées, il s'est avéré que 80% d'entre elles étaient contreproductives, la plus contreproductive étant la peine privative de liberté. 15% des pratiques restantes n'avaient peu ou pas d'effet sur la criminalité. Au final, seulement 5% des pratiques connues de lutte contre la criminalité se sont avérées efficaces.

L'inflation pénale ne cesse de croître. L'Administration pénitentiaire n'a plus les moyens de répondre à toutes les

1. IFJR, « Formation Devenir Membre de la Communauté », *support de formation*, 2017.

affaires qui lui sont confiées, ce qui amène dans huit cas sur dix à un classement sans suite des plaintes, dénonciations et procès-verbaux (5 millions de plaintes chaque année pour 600 000 condamnations). Parmi les condamnations, seulement 20% concernent des délits ou crimes graves, donc 80% de délits qui ne présentent pas de danger majeur pour la société. Le plus inquiétant est qu'avec cette inflation pénale, 2 plaintes sur 10 classées sans suite concernent les crimes les plus graves. Cette inflation pénale allonge la durée de traitement des dossiers, la durée moyenne d'un procès d'assise est aujourd'hui de 6 ans. La stratégie de « prisonisation » avec plus de 100 000 années de détention ferme prononcées en 2008, le doublement de la durée moyenne de la peine délictuelle, l'augmentation des peines privatives de libertés comprises entre cinq et dix ans et la chute des mesures de libération conditionnelle ne résolvent en rien la problématique de la délinquance.

Les justiciables perdent confiance en la Justice qui peine à assurer sa mission en détention. À l'inverse, les sanctions exécutées en milieu ouvert, c'est-à-dire au sein de la communauté apparaissent non seulement plus proportionnées, mais aussi moins coûteuses et plus efficaces, car elles ne désocialisent pas davantage les condamnés. Pourtant, elles sont prononcées actuellement dans à peine plus d'une condamnation sur dix.

§ 2. La reconsidération de la personne victime

La victime a commencé à être prise en compte dans la criminologie à partir des années 1950, où on a vu apparaître la science criminelle qui étudie la victime sous le nom de victimologie. Cette science va avoir pour conséquence la reconsidération de la victime dans la justice pénale. Dans les années 1960 en Angleterre ont commencé à se développer des Services d'Aide aux Victimes, venant défendre l'intérêt des victimes après le procès notamment la prise en compte de leurs besoins, sur le plan matériel, informationnel, psychologique et social.

Les études actuelles mettent en avant l'inégalité sociale devant le crime. En effet, ce sont les catégories sociales les plus dominées qui subissent le plus le crime, que ce soit du côté de l'infracteur ou de la victime. Ces études ont également révélé que les crimes les plus graves étaient commis dans le cadre de relations privilégiées entre victime et infracteur : famille, amis, travail. Ils parlent également de « sur-victimisation » du fait que les sentiments éprouvés par les intéressés à l'égard de leurs bourreaux sont souvent ambivalents et peuvent conduire la victime à un sentiment de culpabilité, d'amour, de haine et d'exclusion vis-à-vis de la communauté. Une autre dimension démontrée par la victimologie est frappante, elle montre que les auteurs d'infraction les plus graves ont souvent été victimes durant leur enfance. Ces personnes ont souvent été livrées à elle-même dans leur reconstruction et n'ont bénéficié d'aucun accompagnement ayant permis d'apaiser leurs souffrances. Ils parlent de « reproduction intergénérationnelle de la violence », qui traduit cette inégalité sociale face à la criminalité.

Au-delà de la prise en charge des victimes par la société civile et de la reconnaissance scientifique de leurs caractéristiques et de leurs besoins, le législateur est venu reconnaître leurs droits dans des textes législatifs et réglementaires. La loi du 15 juin 2000 a reconnu le droit des victimes, au même niveau que celui des infracteurs, elle lui confère un statut juridique. Contrairement aux Anglo-saxons qui sont dans un système accusatoire, c'est-à-dire que la victime doit porter plainte contre l'auteur pour que l'infraction ait lieu, la France est régie par un système mixte à la frontière entre le système inquisitoire et accusatoire. Le procureur peut décider de poursuivre un individu au nom de la protection de la société même si la victime n'a pas porté plainte ou a retiré sa plainte.

Les droits des victimes apparaissent comme étant bien réglementés et pris en charge. Cependant, la réparation des victimes reste aujourd'hui essentiellement indemnitaire, ce qui donne à la souffrance une réparation monétaire et non psychologique. L'idée est donc de repenser la posture de l'administration vis-à-vis des personnes en souffrance, qu'elles soient victimes ou auteurs de l'infraction, pour qu'elles puissent retrouver le plus rapidement leur état de personne. C'est pourquoi la justice restaurative propose d'impliquer la victime pleinement dans le processus de régulation du conflit et de réparation.

§ 3. La redécouverte des pratiques ancestrales de régulation des conflits

La Justice restaurative est largement inspirée de pratiques de régulation des conflits utilisées par des pratiques ancestrales ou utilisées dans les civilisations épargnées par la colonisation. Elles demeurent notamment chez les Inuits du Québec, avec leurs cercles de guérison ou de sentence, chez les Maoris, avec les conférences du groupe familial, chez les aborigènes de Nouvelle-Zélande ou en Afrique avec la justice traditionnelle et palabre.

Ces pratiques ont été redécouvertes dans les pays anglo-saxons, qui forts d'une culture communautaire se sont souvent engagés bénévolement pour lutter contre la criminalité. Le sentiment de responsabilité de la population est resté présent et a poussé la société civile à s'organiser pour réguler et prévenir le conflit.

§ 4. Les résultats [1]

Une série d'études a été menée à l'étranger pour évaluer l'impact de la Justice restaurative sur les justiciables (V.*Figure 1* ci-dessus réalisée par l'IFJR). La méthode est de comparer un groupe de participant à une mesure de justice restaurative, à un groupe témoin n'en ayant pas bénéficié. En France, il n'y a pas assez de recul pour établir de réelles évaluations. Seul un retour d'expérience de la première Session de RDV a permis d'établir des liens entre les bénéfices de la justice restaurative sur les groupes à l'étranger et le ressenti exprimé des bénéficiaires de l'expérience de Poissy.

Il ressort de ces études un apaisement général des participants, autant pour les auteurs, les victimes et pour la communauté. Voici schématiquement l'impact des mesures de justice restaurative sur chaque catégorie de participants.

A. Une meilleure reconnaissance de chacun

Les protagonistes se sentent massivement reconnus en tant que personne humaine, au-delà de leur statut de victime ou d'auteur. Ils disent occuper une place

---

1. IFJR « Les résultats de la Justice restaurative » 10-mars-2015. Disponible sur : http://www.justicerestaurative.org/fr/article/les-resultats-de-la-justice-restaurative [Consulté le : 28-août-2017].

importante dans la résolution du conflit, à travers un processus équitable, ce qui leur permet de se l'approprier.

B. Un sentiment de libération

Les médiations en cas de crime grave sont les plus bénéfiques. Tous expriment un sentiment de libération à l'issue du processus et aucun n'éprouve de regrets à s'y être engagé. Pour 9 cas sur 10, les besoins exprimés par les participants des rencontres détenus-victimes sont satisfaits. Apaisement des souffrances, compréhension mutuelle, prise de conscience de l'ampleur des dommages causés, cheminement personnel vers une plus grande responsabilisation, reprise en mains de sa vie et reconstruction de l'estime de soi, sont les bienfaits le plus souvent relevés par les participants.

C. La réduction de la peur du crime

La peur du crime, en tant que répercussion d'une expérience criminelle vécue, est largement atténuée. Elle s'associe également à la diminution du désir de vengeance. Dans plus de 9 cas sur 10 en médiation pénale, les infracteurs se sont conformés à la décision mutuelle prise dans l'année qui l'a suivi, ce qui a pour effet de rassurer la victime.

D. Effets sur la santé psychologique des participants

Une récente étude a démontré que les mesures de justice restaurative permettaient une diminution notable de la colère, la peur, la honte et la culpabilité, ce qui diminue les risques de dépression chez les participants, auteur comme victime.

E. Une expérience humainement et socialement enrichissante

Plus généralement, victimes et infracteurs reconnaissent que si la rencontre est l'une des étapes les plus délicates de la mesure restaurative à l'œuvre (par le partage de fortes émotions), elle est aussi considérée comme l'une des plus enrichissantes. Au plan social, on peut espérer que ces rencontres aient d'autres effets positifs à long terme, notamment sur la communauté représentée lors des RDV par les deux membres de la communauté, qui bénéficient également de cette expérience humaine.

F. Des taux de récidive moins élevés

De manière générale, les auteurs d'infractions prennent conscience de leur acte ainsi que du fait qu'ils appartiennent à une communauté de personnes, ce qui contribue au processus de désistance, soit la sortie de la délinquance ou de la criminalité.

Les mesures de justice restaurative introduisent de l'empathie réciproque et renforcent le réseau des relations entre les familles et les institutions, entre les services d'aide et de soutien (au bénéfice de la victime comme de l'infracteur) et entre tous les membres de la communauté. Car c'est l'acte qui est désapprouvé, pas la personne.

Une évaluation relative aux Cercles de Soutien et de Responsabilité au Canada démontre que le taux de récidive des bénéficiaires apparaît nettement plus faible que dans le groupe témoin des délinquants n'ayant pas participé à un CSR. Ainsi, la récidive en matière d'infractions sexuelles est six fois moindre (2,5% contre 12,8%) et près de quatre fois moindre pour tous les types de récidives avec violence (8,5% contre 31.9%).

G. Un sentiment de sécurité retrouvé pour les communautés

Particulièrement pour les Cercles de Soutien et de Responsabilité, la communauté en lien avec l'infracteur se sent davantage en sécurité du fait de l'existence des CSR. Les bénévoles de la communauté disent se sentir en sécurité du fait de bien connaître l'auteur et les progrès qu'il accomplit grâce au dispositif. Les personnes plus éloignées reconnaissent les bienfaits de cette mesure et se disent davantage en sécurité que si cette dernière n'existait pas, car il est davantage encadré.

H. Une justice pénale plus crédible

Une plus grande confiance dans le système de justice pénale découle de la participation à ces mesures restauratives. Dans le même sens, la plus grande partie des acteurs socio-judiciaires considèrent que la complémentarité de la justice réparatrice et du système de justice pénale est viable, qu'elle participe à son humanisation. Conduisant à la responsabilisation de l'infracteur, elle contribue à la diminution du recours à l'emprisonnement. Finalement, magistrats et professionnels (avocats, travailleurs sociaux, notamment) estiment que le recours aux mesures de Justice restaurative produit un précieux gain de temps pour tous.

Elle est aussi moins coûteuse, car elle mobilise des bénévoles formés. Plus proche des intéressés et des communautés d'appartenance, elle s'exprime là où le conflit s'est noué, là où la réparation a lieu, là où les protagonistes cohabitent ou cohabiteront à nouveau. La victime et la communauté, par le sentiment partagé que justice a été rendue, retrouvent confiance dans le Système en son entier. La justice restaurative contribue ainsi à apaiser, au cœur même de la communauté victimisée, le sentiment d'insécurité et rétablir durablement la paix sociale.

§ 5. La Justice restaurative en France

En France, comme à l'étranger, la Justice restaurative a été impulsée par la société civile. Grâce au succès des expérimentations et à leur reconnaissance progressive dans le milieu de la justice, la Justice restaurative a nouvellement été encadrée par la loi du 15 août 2014, qui permet à ces mesures de s'inscrire pleinement dans la justice pénale et de donner un nouveau sens à la peine. Cette partie sera dédiée à l'historique de la Justice restaurative en France, le procédé de sa reconnaissance législative, les premiers retours d'expérience ainsi que le mode d'implication des citoyens dans les RDV.

A. Un mouvement citoyen inspiré de l'étranger

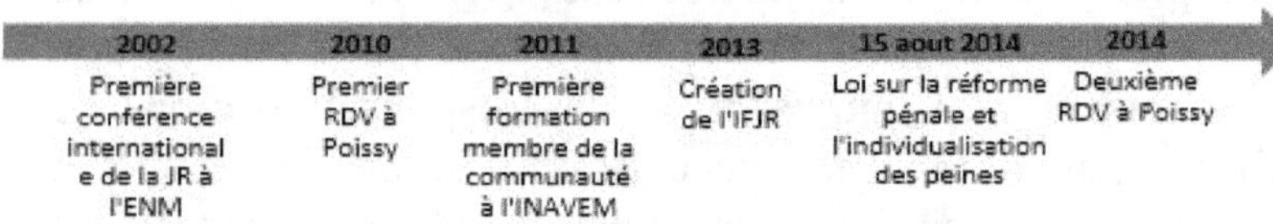

Figure 2 : Chronologie d'apparition de la Justice restaurative en France

En vigueur depuis une trentaine d'années au Canada, la Justice restaurative fait son apparition assez tardivement en France, aux alentours des années 2000, portée par des citoyens qui se constituent rapidement en association pour développer le mouvement. Parmi ces citoyens, Robert Cario, professeur émérite de criminologie au sein de l'Université de Pau, est engagé depuis les années 80 auprès des personnes en souffrance[1]. Membre dès sa

1. IFJR, « Robert CARIO (Président de l'Institut) », 19-mars-2015. Disponible sur : http://www.justicerestaurative.org/fr/article/robert-

création en 1999 du « European Forum for Restorative Justice », il coorganise la première conférence internationale sur la Justice restaurative à l'Ecole Nationale de Magistrature en 2002. Dès 2010, il organise à l'aide d'un petit groupe de bénévoles très impliqués dans la justice restaurative, la première Rencontre Détenu-Victime, à la Maison Centrale de Poissy. Soucieux de la formation des bénévoles participants aux RDV en tant que « membre de la communauté », il organise la première formation avec l'INAVEM (Association d'aide aux victimes) en 2011. Par la suite en 2013, il fonde l'Institut Français de Justice Restaurative, acteur central dans le développement, l'information et la formation relatifs aux mesures de justice restaurative en France. Sur le site internet, on peut trouver des informations sur la Justice restaurative, les différentes pratiques de justice restaurative détaillées et l'accompagnement des programmes, à travers l'offre de formation assurée par l'IFJR. À la fin de l'année 2014, les initiatives continuent à se développer et débouchent sur l'expérimentation d'une première session de Rencontres condamnés-victimes dans le Val-d'Oise, qui se poursuivra par une convention entre le Service Pénitentiaire d'Insertion et de Probation et le Service Régional de Justice Restaurative. Les cercles de soutien et de responsabilité, mesure de justice restaurative à destination des délinquants sexuels, sont en cours de préparation depuis 2013 dans les Yvelines, à Bordeaux et à Dax.

B. La loi Taubira du 15 août 2014

Christiane Taubira, au cours de son mandat de Garde des Sceaux sous la présidence de François Hollande, a porté un projet de loi devant le Parlement relative à

---

cario-president-de-linstitut [Consulté le : 09-oct-2016].

l'individualisation des peines et renforçant l'efficacité des sanctions pénales. La loi adoptée le 15 août 2014 a une portée révolutionnaire en ce qu'elle implique au niveau du sens de la peine, à deux niveaux :

- elle intègre la contrainte pénale, une peine alternative à l'incarcération qui vise explicitement la réintégration du condamné au sein de la communauté ;
- elle donne un cadre à la justice restaurative dont les mesures peuvent désormais être proposées à tous les stades de la procédure

Cette loi ouvre naturellement de nouveaux droits aux victimes et aux auteurs d'infractions pénales. Elle a ajouté l'article 10-1 au code de procédure pénale qui permet aux victimes et auteurs de se voir proposer une mesure de justice restaurative pour tout type de procédure pénale et à tous les stades de la procédure.

La circulaire du 15 mars 2017 est venue rappeler le cadre juridique et poser le champ d'application de la justice restaurative en droit français. Elle donne des éléments complémentaires notamment sur le fait qu'elle constitue « une voie offerte aux parties, facultatives, et sans conséquence sur le déroulement de la procédure judiciaire qui s'exerce en parallèle »[1].

C. Le retour d'expérience des Rencontres détenus-victimes en France

Les évaluations des Rencontres Détenus-Victimes à l'étranger ont montré que 31% des victimes ressortaient avec une meilleure compréhension du passage à l'acte et

1. IFJR, « La Circulaire du 15 mars 2017 relative à la mise en œuvre de la justice restaurative. Analyse et discussion », 27-juill-2017. Disponible sur : http://www.justicerestaurative.org/fr/la-circulaire-du-15-mars-2017-relative-la-mise-en-oeuvre-de-la-justice-restaurative-analyse-et [Consulté le : 12-août-2017].

que 78% des auteurs avaient une meilleure compréhension de la victime après la rencontre et 88% avaient pris conscience des torts causés[1].

La première expérience de RDV à la Maison Centrale de Poissy en 2010 n'a pas fait l'objet d'une réelle évaluation, mais a bénéficié de retours d'expérience des principaux intéressés. Ils ont tous relevé des points positifs.

Les intéressés sont majoritairement venus chercher une libération d'émotions qui les submergeaient depuis le crime. De cette session de RDV, ils ont principalement retenu : la redécouverte de l'humanité de l'autre, la puissance de l'empathie, vécue au début des échanges comme relevant du conflit de loyauté à l'égard des proches disparus. Mais également divers bienfaits ont été fortement soulignés : la reconquête de l'estime de soi, la responsabilisation, la sincérité et la tolérance dans la communication avec autrui.

Aucun des participants ne regrette de s'être investi dans l'aventure restaurative. Au contraire, ils y participeraient à nouveau et la recommandent à toute victime ou auteur qui le souhaitent. Ils ont formulé le souhait que cette mesure soit généralisée pour qu'une majorité de victimes et auteurs volontaires puissent en bénéficier.

D. L'intervention des citoyens dans la Justice restaurative

La Justice restaurative, dans sa recherche de restauration de l'harmonie sociale, s'attache au fait d'inclure les citoyens dans les mesures proposées. En cela, l'Institut Français pour la Justice Restaurative, forme les animateurs RDV qui sont souvent des professionnels de la

1. IFJR, « Les résultats de la Justice restaurative », 10-mars-2015. Disponible sur : http://www.justicerestaurative.org/fr/article/les-resultats-de-la-justice-restaurative [Consulté le : 28-août-2017].

justice, et également des Membres de la Communauté, citoyens curieux, pour participer à des RDV et soutenir les victimes et auteurs du cercle. En cela la société est un acteur du cercle, au même titre que l'infracteur et la victime, et agit en faveur de la restauration du lien social. Robert Cario, pour motiver l'intervention des membres de la communauté et l'avènement de la justice restaurative dit « La justice pénale s'intéresse au passé, mais l'avenir des victimes, qui s'y intéresse ? La question du pardon appartient aux victimes, elle ne nous regarde pas. Mais la restauration du lien social, elle concerne la société tout entière »[1]. Les formations en Justice restaurative apprennent qu'il n'a jamais été prouvé scientifiquement que les interventions professionnelles ont plus de succès que les interventions bénévoles. C'est pourquoi le rôle de membre de la communauté en justice restaurative est très valorisé.

Le membre de la communauté témoigne de la responsabilité de la société tout entière vis-à-vis des infractions commises ainsi que de ses répercussions, notamment d'endosser la responsabilité d'avoir permis la précarité. Il a un rôle d'accompagnement, pour être auprès des personnes les plus en difficultés quand elles arrivent. Il apporte une écoute bienveillante dans une posture discrète.

Lors d'une rencontre, les membres de la communauté sont au nombre de deux, comme les animateurs. Cela permet d'incarner la variété de la communauté en termes d'attitude, de diversité des genres et de diversité sociale et culturelle. Les victimes sont au nombre de 4, de même pour les infracteurs. Le membre de la communauté doit avoir une posture professionnelle. Il doit pouvoir être dans l'empathie inconditionnelle, c'est-à-dire avoir la capacité de se mettre à la place de l'autre. Il doit être impartial,

---

1. Robert CARIO, Professeur émérite de Criminologie et fondateur de l'IFJR, Paris, entretien le 3 mai 2017.

même bi-partial, c'est-à-dire qu'il est présent pour chacun des participants, autant pour les victimes que pour les infracteurs. Il doit être en mesure d'écouter, entendre, comprendre, accompagner et encourager et également avoir des savoir-être : être disponible, souriant, accueillant, détendu et transparent quant à ses émotions. Ce rôle important montre que la Justice restaurative n'existe que dans le fait d'inclure la société dans la réparation de l'acte commis et dans la reconstruction des personnes. Il est une première porte d'entrée à la réappropriation de la justice par les citoyens.

La réhabilitation et la réparation sont deux objectifs qui intègrent progressivement le sens des mesures pénales portées par la société civile. Du TIG au placement extérieur, en passant par les ateliers en détention, les interventions des associations vont dans le sens de la réconciliation des détenus et de la société. Ces peines sont non seulement complémentaires, mais elles sont également soutenues par la Justice restaurative qui permet de favoriser la réinsertion des personnes sous main de justice et de restaurer le lien social à travers la rencontre avec la victime et la communauté. Bien qu'embryonnaires, ces initiatives montrent la voie vers une pénologie plus respectueuse des hommes et une société en paix. Mais comment généraliser ces initiatives et redonner une place pérenne aux citoyens dans la justice pénale ? Quels sont les leviers de l'implication citoyenne ? Les enjeux sont nombreux et méritent d'être identifiés pour accélérer la transition du système de justice pénale, d'une logique punitive à une pénologie réparatrice et réconciliatrice.

3
Réconcilier la société autour de la peine

> « C'est par ce changement d'attitude de l'ensemble de la société que l'on peut donner espoir à ceux qui souhaitent sortir de la délinquance et espérer une baisse sensible de la récidive. Paradoxalement, c'est en parvenant à vaincre nos peurs et nos rejets que nous renforcerons durablement notre sentiment de sécurité. » *(Marc Renart)*

« Comment changer la donne ? Une voie consiste à rapprocher cette institution du reste de la société en créant des liens au travers d'associations et avec des entreprises publiques et privées. [...] La présence du secteur associatif apporte un lien avec le monde extérieur et plus d'humanité à un monde carcéral souvent artificiel et parfois anormal. L'administration ne doit pas craindre ces contacts dont elle garde la maîtrise et qui facilitent sa tâche. Elle doit admettre aussi que la réinsertion est l'affaire de professionnels spécialisés, mais aussi de l'ensemble de la société » [1] (Marc Renart). L'idée développée dans cette citation, selon laquelle la justice doit redevenir la responsabilité de tous, est largement reconnue par l'ensemble des acteurs

1. Renart M., « Les citoyens intègrent les citoyens », *Article Pénitentiaire*, 2013.

interrogés dans le cadre de cette étude. Tous s'accordent à dire que l'implication des citoyens dans la justice pénale et particulièrement dans les parcours de réinsertion des condamnés, est indispensable.

Cette troisième partie va s'attacher à présenter une dynamique nouvelle, portée par des associations lyonnaises qui militent pour permettre aux citoyens de se réapproprier la justice pénale et d'agir en faveur de la réconciliation avec la société. La voie évoquée par Marc Renart, qui consiste à rapprocher l'institution pénale du reste de la société, a été choisie par la société civile.

Afin de répondre à la problématique posée, qui interrogeait sur le « comment » la société française peut-elle substituer à la logique punitive une peine restauratrice de lien social, l'analyse portera sur les enjeux de l'implication citoyenne dans la justice pénale. L'identification des enjeux va permettre d'avoir une idée plus précise de la manière dont la société peut trouver sa place dans la justice pénale. Les enjeux de la mobilisation citoyenne interviennent à deux niveaux : les citoyens porteurs d'initiatives qui constituent la société civile et les citoyens bénévoles qui seront partie prenante de ces associations. Une dernière initiative lyonnaise, qui donne la possibilité aux citoyens de se réapproprier la justice pénale et d'agir, sera présentée.

Section 1. Les enjeux de l'implication citoyenne

L'arbitrage des conflits, par le jugement et l'application des peines, a été entièrement délégué à l'État via l'institution judiciaire et pénitentiaire. On observe que contrairement à l'écologie et la solidarité, qui ont fait l'objet d'une réappropriation par les citoyens, la justice pénale ne figure pas dans les domaines d'action de la société civile. Ce n'est pas non plus un domaine d'intervention des entreprises via leur politique RSE.

§ 1. Pourquoi impliquer les citoyens ?

L'implication citoyenne dans la justice pénale est possible et nécessaire. Elle l'est pour trois raisons, d'une part l'implication des citoyens pourra permettre de faire évoluer les mentalités, d'autre part de dynamiser la politique pénale et enfin de rendre la justice plus efficace.

A. Faire évoluer les mentalités

Volontaire chez Chantiers-Passerelles, Sophie déplore le fait qu'aucune information claire n'est donnée sur le fonctionnement de la justice et ses enjeux alors que paradoxalement, les faits divers en lien avec la justice et le sentiment d'insécurité de la population sont régulièrement relayés par les médias. Elle considère que la communication qui est faite autour de la justice donne des visions caricaturales qui nuisent à son évolution[1]. Nora Bouguerne, chargée d'accompagnement au sein du programme de réinsertion Devenirs, s'associe à cette idée. Elle insiste sur les préjugés stigmatisants de la société à l'égard des sortants de prison qui ne leur laissent aucune chance de construire un projet d'avenir [2].

Informer et donner une place aux citoyens dans la justice pénale est nécessaire, car c'est la perte de lien social qui conduit à l'escalade de la délinquance. C'est une nécessité pour les sortants de prison, qui ont besoin d'être accueillis dans la société pour pouvoir s'y réinsérer. C'est également une nécessité pour les citoyens qui souffrent d'un sentiment d'insécurité injustifié. Créer la rencontre permet de s'identifier aux personnes et de diminuer ses peurs et rejets face à la délinquance. De plus, une personne

1. Sophie, volontaire chez Chantiers-Passerelles, Lyon, entretien le 19 juillet 2017.
2. Nora BOUGUERNE, cheffe de projet chez Devenirs, Lyon, entretien le jeudi 20 juillet 2017.

informée diffusera une image moins diabolique des délinquants dans son entourage, un premier pas nécessaire à l'évolution du sens de la peine[1].

B. Dynamiser la politique pénale

Pour Sophie, la justice pénale doit en tant qu'institution offrir à chaque citoyen un droit de regard sur son fonctionnement, ses enjeux et ses missions. Cela répond à un objectif civique de rapprochement de l'institution judiciaire des citoyens[2]. Elle ajoute que l'implication citoyenne a des externalités positives sur la politique pénale, car elle permet de dynamiser le politique sur la question pénale en développant des alternatives à l'incarcération ou d'autres formes de gestion de la détention en France. La question sécuritaire étant devenue un enjeu électoral majeur, le poids de l'opinion publique pèse de plus en plus sur la politique pénale. Ça pourrait s'avérer positif si les citoyens étaient plus concernés et informés par la réalité du monde pénitentiaire.

C. Rendre la justice plus efficace

Pour terminer, Sophie amène à penser l'implication citoyenne comme un apport réciproque. Selon elle, la justice française a besoin des citoyens pour être efficace. Les citoyens sont des acteurs clés des peines alternatives à la prison comme le travail d'intérêt général, mais également du monde carcéral qui s'enrichit grâce à l'intervention des différents professionnels ou bénévoles « que ce soit les associations en lien avec la justice ou l'Administration pénitentiaire elle-même, le milieu

---

1. Renart M., « Les citoyens intègrent les citoyens », *Article Pénitentiaire*, 2013.
2. Sophie, volontaire chez Chantiers-Passerelles, Lyon, le 19 juillet 2017.

judiciaire recherche des professionnels ou des bénévoles pour faire vivre ses projets ».

Marc Renart s'associe à cette vision « sur un plan utilitariste, le bénévole nous apporte une ressource très conséquente en temps de présence, un temps que la structure n'aurait pas les moyens de financer. » Il ajoute que les bénévoles apportent un savoir spécifique par leurs parcours, leurs professions, leurs engagements. Ils donnent un complément pertinent à l'accompagnement fourni par le système judiciaire et pénitentiaire. Sylvain Lhuissier témoigne également d'une vraie complémentarité professionnelle et individuelle. Pour lui, dire que les professionnels n'ont plus de raison d'être serait une erreur, un bénévole ne peut pas assurer la responsabilité et la charge de travail d'un accompagnant d'insertion. En revanche le professionnel, comme il se professionnalise, se détache de la réalité de l'autre. « Les personnes sous main de justice ont un vrai besoin d'enrichir leur capital social, en faisant des rencontres, en partageant, en apprenant à faire confiance. Ces rencontres sont complémentaires au rôle du CPIP, qui lui intervient dans un cadre professionnel, à travers un mandat et sur un temps défini : celui de la peine »[1]. Marc Renart ajoute que pour réconcilier la société et les sortants de prison, il faut que ces personnes puissent retrouver une vie ordinaire. Pour cela, ils doivent être entourés de personnes ordinaires. « Dans une vie ordinaire, tu ne rencontres pas que des salariés payés pour te rencontrer ».

§ 2. Comment les associer ?

D'après Martin Durigneux, fondateur d'Anciela, une des raisons pour laquelle la société civile n'est pas très

---

1. Sylvain LHUISSIER, fondateur de l'association Chantiers-Passerelles, Lyon, entretiens le 28 avril et 20 juillet 2017.

active sur ces sujets est le manque d'identification au public incarcéré. Dans les initiatives citoyennes, on retrouve beaucoup de parcours de vie qui ont donné envie aux porteurs de projet de défendre une cause. Et on sait que la prison touche surtout une partie des catégories socio professionnelles. « Tout le monde connaît un chômeur, mais personne ne connaît un prisonnier ». Une voie pour sensibiliser les citoyens et leur donner envie d'agir, est de les sensibiliser aux personnalités et aux parcours des personnes condamnées, pour que, à la manière de Jacques Verges, les personnes puissent s'identifier : ce qu'il a fait aurais-je pu le faire, si j'avais été dans la même situation que lui ?

Créer la rencontre, mais dans quel contexte et par quels moyens ? Plusieurs moyens sont à disposition pour impliquer les citoyens dans la justice pénale, sous de multiples casquettes et à différents niveaux.

A. Le citoyen professionnel

Un citoyen peut être engagé par le biais de sa profession, en transposant le métier qu'il exerce habituellement en dehors de la prison en détention. On retrouve par exemple beaucoup de professeurs de français et de philosophie qui ont décidé d'intervenir en détention. Beaucoup de psychologues font également ce choix.

Le citoyen professionnel, peut également être un dirigeant d'entreprise qui choisit de déléguer une partie de sa production aux détenus, à travers l'atelier de la prison. Armelle Dubois partage son expérience, pour elle l'implication des citoyens peut passer par l'entreprise. Faire visiter une prison aux décideurs d'entreprises permet de la démystifier et de se rendre compte que c'est un atelier comme un autre. L'entreprise y trouve un intérêt, car la main-d'œuvre est à faible coût. En voyant que les conditions de production sont très proches de celles d'une usine classique, elle porte une autre considération aux détenus[1]. Cet engagement a un double impact : elle permet de lutter contre l'oisiveté en détention par l'activité professionnelle, les détenus entrent dans une dynamique similaire à celle de la vie extérieure et développent leur expérience professionnelle. Elle permet aussi à ses salariés d'être informés sur les conditions de détention et de porter un autre regard sur les détenus qui travaillent.

Le citoyen professionnel peut être un tuteur de TIG. C'est un employé d'une structure qui décide de se porter volontaire pour accueillir un tigiste dans son service et l'accompagner. Ce rôle est précieux, car il apporte une authenticité dans les rapports humains. Ces personnes ne sont pas forcément engagées sur les questions de justice, mais peuvent être simplement employées d'une structure, comme la Mairie ou la SNCF, qui accueille des tigistes. Cette fonction d'accompagnant permet de faire évoluer le regard du citoyen sur la figure du délinquant.

B. Le citoyen bénévole

Le citoyen bénévole peut-être mobilisé au cours de ses années d'étude avec l'association Genepi qui propose des ateliers en prison. Il peut aussi être visiteur de prison par le biais de l'ANVP et lui permettre de garder un contact avec l'extérieur. Pour Thierry Jollivet, visiteur de prison depuis trois ans, « Le visiteur doit à mon sens aider à recréer le lien entre les détenus et les citoyens, en leur montrant qu'ils ne doivent pas se sentir en marge de la société, en les aidant à préparer leur nouveau projet de vie afin qu'il soit un nouveau tremplin pour rebondir et ne pas retomber dans la récidive »[2].

---

1. Armelle DUBOIS, cheffe de projet Dedans-Dehors, Paris, entretien le 9 aout 2017.
2. Thierry JOLLIVET, membre de l'ANVP, Niort, entretien le 12 juillet 2017.

Les formes d'engagement en détention sont restreintes, dû au manque de personnel pour les encadrer. Le citoyen bénévole trouve plus facilement sa place à l'extérieur, dans le cadre des peines alternatives. Son rôle est d'autant plus pertinent qu'il représente l'intérêt de la société pour les sortants de prison. C'est une première ouverture à la réconciliation. Le placement extérieur, à travers des programmes comme celui de Devenirs, permet aux citoyens de participer à la dynamisation de la vie sociale et culturelle de ces derniers. Ils sont aussi des soutiens potentiels pour leur projet professionnel (cours de langue, aide pour les entretiens professionnels), mais aussi pour réapprendre des gestes quotidiens parfois oubliés suite à des années d'incarcération (cuisiner, faire les courses, prendre le métro, notamment).

C. Le citoyen avisé

Un citoyen impliqué dans la justice pénale est d'abord un citoyen averti et éclairé sur ces sujets. Sylvain Lhuissier le reconnaît[1], le citoyen ne peut toujours être acteur dans la justice pénale. Son intérêt pour le sujet est un premier pas pour déconstruire les préjugés. Pour cela, il faut lui donner les moyens de s'informer. Les actions de sensibilisation du grand public doivent se multiplier et les citoyens se les approprier, pour évoluer vers une justice pénale humaine et réconciliatrice.

§ 3. Quels sont les prérequis pour impliquer des citoyens bénévoles ?

On l'a vu, l'implication citoyenne peut avoir des retombées très positives sur le parcours de réinsertion d'un

---

1. Sylvain LHUISSIER, fondateur de l'association Chantiers-Passerelles, Lyon, entretiens le 28 avril et 20 juillet 2017.

sortant de prison, sur la politique pénale et sur l'efficacité de la justice. La société civile s'engage pour démultiplier les manières de s'impliquer dans la justice pénale. Pour autant, la justice pénale reste un domaine régalien constitué de professionnels de la justice. Pour ouvrir ce domaine à des citoyens volontaires, il faut s'assurer de deux choses : que les bénévoles aient les prérequis indispensables à un engagement auprès des publics en réinsertion et que la structure d'accueil ait les moyens d'accompagner les bénévoles. D'après les personnes sollicitées, les prérequis généraux sont les suivants.

A. Un rôle défini

« L'énergie citoyenne est puissante, mais de bonnes intentions peuvent faire beaucoup de dégâts » [1]. Martin Durigneux, invite à poser la question du rôle des citoyens, est-ce un rôle inclusif ou un rôle professionnel ? Pour lui, ce rôle doit être strictement défini et encadré, pour éviter d'accroître la stigmatisation du public. Il prend l'exemple d'une initiative citoyenne dont le but était d'intégrer les migrants dans la société. Cette manifestation était organisée à destination des migrants ce qui n'incitait pas le reste de la société à y participer et donc à recréer du lien social, ainsi il ne faisait qu'accroître la stigmatisation des migrants. Le citoyen a un rôle important à jouer en termes de sensibilisation, d'ouverture, de reflet dans l'opinion publique et dans la réhabilitation des sortants de prison. Pour cela, son rôle doit être strictement défini en amont et connu du bénévole.

---

1. Martin DURIGNEUX, fondateur de l'association Anciela, Lyon, entretien le 9 mai 2017.

- Il ne doit pas se substituer à un professionnel. Pour Marc Renart [1], il ne faut pas oublier que la matière est compliquée et que les sortants de prisons accompagnés par Devenirs, ont besoin d'être suivis par des professionnels qui connaissent des outils et des processus pour favoriser la réinsertion. En particulier sur le volet santé, la psychologie et l'addictologie sont deux notions qui doivent être assurées par des professionnels. En ce qui concerne l'accompagnement, le bénévole ne peut porter la responsabilité du suivi global et constituer un référent pour un compagnon, car le suivi est régulier et requiert une posture particulière.
- Il doit connaître le panel d'actions possibles. Pour fédérer et mobiliser les bénévoles, il faut que la structure ait défini des actions dont les bénévoles peuvent s'emparer. Cela passe par des actions ponctuelles qui ont une continuité. Dans le cadre du programme Devenirs, le bénévole est sollicité pour mener des sorties culturelles et sportives avec les compagnons, et les aider à tendre vers l'autonomie.
- « Le bénévole doit être acteur du programme ». Pour Nora, il faut donner un rôle au bénévole, pour ne pas créer des frustrations et qu'il ne se démobilise pas. Il faut lui donner un cadre dans lequel il peut être force de proposition, susciter sa créativité et bénéficier de son retour d'expérience pour améliorer les pratiques de la structure.
- Il doit être encadré. Le bénévole doit avoir un référent qui le mobilise sur des actions et l'accompagne dans sa posture de bénévole, pour une action cohérente et sécurisée. Il doit toujours être rattaché aux objectifs sociaux de l'association et participer à des espaces d'échange d'expérience.

---

1. Marc RENART, fondateur du programme Devenirs, Lyon, entretien le 12 juillet 2017.

B. Un espace de formation préalable

La formation d'un bénévole est indispensable avant de le lancer dans des actions en lien avec la justice pénale. Elle permet de protéger le bénévole intervenant ainsi que le public avec lequel il va être en contact. La formation est d'autant plus indispensable lorsque l'action porte sur la rencontre entre le bénévole et le sortant de prison.

Dans ce cas, la formation doit porter sur :

. la structure d'accueil et les interlocuteurs du bénévole (surveillants, CPIP, magistrats, chargée de mission) ;

. la définition des rôles du bénévole : les contours de la mission qui expliciteront les engagements et obligations du bénévole et sa marge de proposition. Par exemple, le secret partagé qui consiste à partager les informations importantes dont le bénévole aurait connaissance sur la personne accompagnée. Cette formation aura également pour but d'éclairer le bénévole sur la posture à adopter, à travers des jeux de rôle, et des réactions à avoir en cas d'imprévu ;

. la connaissance du public accompagné. Une formation globale sur le public en détention est indispensable : le type de peine, les délits prédominants, la situation socio-professionnelle des individus, leur état de santé (addictions et psychologie). Une formation aux enjeux psychologiques de la réinsertion et de la dépendance est pertinente afin de mieux appréhender les problématiques sociales des individus.

C. Du temps à consacrer aux activités

Pour les missions liées à la justice pénale, il est important que l'engagement qui est pris au départ soit réel et mesuré. Comme on l'a vu, un bénévole dans un programme de réinsertion va bénéficier d'une formation en amont du démarrage des activités. Cette formation nécessite des ressources préalables et constitue un réel investissement pour les associations. Armelle Dubois alerte sur cette dimension[1] : dans le programme qu'ils développent avec Ares, les bénévoles sont les bienvenus, mais l'équipe a conscience que cela prend beaucoup de temps, ils ouvrent donc le programme uniquement à des bénévoles qui sont capables de s'investir réellement. Elle confie « Le bénévole qui a de bonnes intentions, mais qui n'a pas le temps, ce n'est pas possible… Il faut être très clair sur le niveau d'engagement ». En effet, pour qu'un bénévolat se passe bien il faut un fort investissement dans l'accompagnement au départ. Il faut garder en tête qu'avec le bénévolat on peut gagner beaucoup, mais ça demande beaucoup de temps pour la structure et donc en conséquence, ça doit être un investissement réciproque.

Section 2. Les défis à relever pour la société civile

§ 1. La collaboration entre les acteurs associatifs

Pour que les associations soient source d'implication citoyenne dans la justice pénale, il faut tendre vers une forte collaboration des acteurs associatifs entre eux. En mutualisant les moyens, ils peuvent dupliquer leurs forces. Pourtant, la culture associative n'a pas toujours été tournée vers la coopération entre les acteurs, il est souvent difficile d'abattre les barrières, par manque de temps, de ressources, ou de différence culturelle.

1. Armelle DUBOIS, cheffe de projet Dedans-Dehors, Paris, entretien le 9 aout 2017.

A. La différence de culture associative

Selon Marc Renart, le secteur associatif autour de la prison était initialement investi par des personnes d'expérience à qui la vie avait appris qu'il ne fallait pas juger. C'était des personnes convaincues, militantes et qui se battaient pour cette cause tout au long de leur vie. La nouveauté aujourd'hui est que de plus en plus de jeunes adhèrent à la cause et s'investissent pour faire changer les choses. Le programme Devenirs en a fait l'expérience lors de cette première année [1]. L'association a su fédérer une trentaine de bénévoles issus d'horizons très divers et de toutes les tranches d'âge. Cette richesse est d'autant plus intéressante dans un secteur où tout repose sur l'humain. Il y a un travail à faire pour arriver à mélanger les bénévoles et à faire coopérer les associations qui ont une culture associative différente. Certaines sont prêtes à décloisonner et à travailler en partenariat pour être plus fortes alors que d'autres ont des réticences qu'il faudra lever pour décupler leur impact. Par exemple, certaines associations ne sont pas prêtes à assurer des missions qui ressortent du domaine de l'état. Elles préfèrent que l'état prenne ses responsabilités plutôt que de tenter d'impulser une dynamique par le bas. Aussi, le positionnement vis-à-vis de l'Administration pénitentiaire est parfois différent d'une structure à une autre ce qui peut faire émerger des réticences à s'afficher aux côtés d'une structure qui est plus contestataire.

B. La concurrence dans la levée de fonds

La coopération entre les associations se trouve également freinée par la mise en concurrence des associations sur la levée de fonds. Malheureusement, les

---

1. M. Marc RENART, fondateur du programme Devenirs, Lyon, entretien le 12 juillet 2017.

subventions se font de plus en plus rares et les appels à projets mettent en concurrence les associations pour obtenir des financements. Stéphane Simon, aumônier de la prison de St Quentin Fallavier, a été confronté à ce problème [1]. Alors qu'il souhaitait initier des projets allant dans le sens de la Justice restaurative, il raconte s'être entretenu avec le personnel d'une association à Paris qui lui avait demandé de trouver un secteur d'intervention où ils n'intervenaient pas, sinon la coopération serait difficile.

D'une manière générale, le financement des associations est un enjeu considérable si elles sont amenées à prendre le relais de l'Administration pénitentiaire sur un certain nombre de missions. D'un côté, l'État doit reconnaître le travail des associations et les aider à couvrir le besoin en financement qu'elles ont pour assumer ces actions. De l'autre, l'implication de la société doit également passer par l'appui du secteur économique, puisque tout le monde a intérêt à ce que notre société soit plus paisible et moins fractionnée. Marc Renart est convaincu que le monde de l'entreprise doit apporter des moyens financiers aux associations et leur mettre à disposition des experts, des tuteurs ou des formateurs[2]. Ils ont un rôle à jouer dans le financement de certaines mesures alternatives ou de mesures de réinsertion des sortants de prison, mais également dans l'accompagnement vers l'emploi des personnes qui en sont éloignées. Aujourd'hui, de plus en plus d'entreprises, par le biais de leur fondation, soutiennent financièrement ce type d'associations. Parmi elles, Vinci propose des

---

1. Stéphane SIMON, aumônier de la prison de St Quentin Fallavier et membre de l'ARAAJR, Lyon, entretiens le 30 janvier et 11 juillet 2017.
2. Renart M., « Les citoyens intègrent les citoyens », *Article Pénitentiaire*, 2013.

financements et Macif propose à ses salariés de s'investir dans cette cause.

§ 2. La collaboration avec l'Administration pénitentiaire

La collaboration avec l'Administration pénitentiaire est indispensable pour les associations qui souhaitent s'investir dans la justice pénale. Elle l'est, car la justice est un domaine régalien dans lequel la compétence est séparée entre les différents services de l'Administration pénitentiaire. Elle l'est également, car les professionnels sont compétents et conscients des améliorations qui pourraient être apportées à l'institution si on y mettait plus de moyens. Par conséquent, l'approche qui consiste à co-construire avec l'Administration pénitentiaire les projets de demain est la plus pertinente. Pour autant, ce sont deux mondes complémentaires qui peuvent être opposés par leurs pratiques professionnelles. Les deux exemples suivants consistent à montrer dans quelle mesure la coopération avec les services de l'Administration pénitentiaire peut être difficile et quelles sont les précautions à prendre pour que l'implication citoyenne ait une valeur ajoutée et ne soit pas contreproductive.

A. L'expérience de Chantiers-Passerelles

L'association Chantiers-Passerelles souhaite inscrire son action en complémentarité de la mission et du travail des Services pénitentiaires d'Insertion et de Probation. Son action en faveur du TIG s'appuie par exemple sur un travail de mobilisation de la société civile par la société civile, dans une logique de partage des ressources, des expériences et des pratiques. Le Forum du TIG comme les Parcours-Passerelles ont vocation à être des outils au service des SPIP. Pour autant, le positionnement de l'association est nouveau et nécessite une co-construction et un ajustement au fur et à mesure dans la collaboration.

- Co-construire avec les SPIP intéressés. Les objectifs et l'intérêt de l'objet social de Chantiers-Passerelles sont majoritairement partagés par les SPIP, qui souhaitent bien souvent voir se développer et se renforcer le travail d'intérêt général. Pour autant, la mise en place du travail d'intérêt général est la responsabilité et le rôle du SPIP, et certains ne souhaitent pas que la société civile (et à travers elle le milieu associatif) s'implique en faveur du développement du TIG. Contrairement à certaines peines qui mettent à contribution les associations (placement extérieur, mesure de réparation pénale), les associations ne se voient pas confier la mise en exécution du TIG.

Pour autant, l'association porte la conviction qu'une complémentarité doit être trouvée dans les méthodes et les moyens d'action, entre l'association et l'administration, pour que le TIG se développe davantage. Pour cela, l'association adopte une démarche de co-construction avec les acteurs. Par exemple, pour le projet tour de France du TIG, Chantiers-Passerelles a choisi d'intervenir uniquement dans les départements où le SPIP était favorable au projet et à la coopération. Les SPIP sont donc associés au projet, ils participent et financent sur certains territoires. Si certains territoires sont plus réticents, le nombre d'acteurs favorables à cette action ne manque pas. On peut espérer que ces partenariats, s'ils sont réussis, contribueront à déconstruire les réticences et seront amenés ensuite à se répliquer.

- Les différences entre association et administration : source de complémentarité et parfois d'incompréhension. Les différences de posture, de contraintes, de méthodes d'action font tout l'intérêt de la complémentarité entre l'administration et la société civile. C'est aussi source de réflexion, d'adaptation et parfois d'incompréhension. En effet, l'association a une certaine dépendance de l'Administration pénitentiaire pour développer son action. Mais elle souhaite aussi garder une distance, pour conserver les spécificités de l'association qui font l'intérêt de son action et de la complémentarité évoquée. Pour contribuer au développement du TIG, Chantiers-Passerelles travaille par exemple davantage sur une logique de réseau transversal des acteurs du TIG, de mobilisation citoyenne (de la société civile). Les SPIP ont d'autres outils pour mobiliser les acteurs en faveur du TIG (mobilisation des élus, des pouvoirs publics, liens avec le tribunal).

- Il existe aussi une différence dans la temporalité de l'action entre les associations et l'Administration pénitentiaire. Les associations, notamment les plus jeunes, sont contraintes d'agir vite pour affiner leur objet social, stabiliser leur modèle économique ou trouver des financements. Elles sont donc nécessairement agiles et ont parfois besoin de développer des projets pour répondre aux exigences des financeurs. D'une certaine manière, l'administration est moins "pressée" et prend le temps de l'évaluation et de la décision avant de se lancer dans un projet. Ce décalage doit être identifié et compris mutuellement pour permettre une collaboration sur les projets. En revanche si les deux structures sont capables de travailler en confiance, elles ont un apport mutuel qui peut avoir des externalités positives sur la justice pénale.

B. L'expérience de l'ANVP

L'une des innovations de la loi du 15 août 2014 est de faire intervenir en milieu ouvert des bénévoles de la société civile, précisément de l'ANVP. Les quatre premières expérimentations ont fait intervenir des bénévoles expérimentés auprès de condamnés faisant l'objet d'une contrainte pénale ou d'une libération sous contrainte. Les personnes faisant l'objet de cette expérimentation avaient été sélectionnées par le juge pour leur état d'isolement social, dans l'espoir que des rencontres régulières avec les bénévoles permettraient de renouer un lien avec la société et de favoriser leur réintégration dans la société. Ces expérimentations ont soulevé de nombreux débats entre les SPIP et les bénévoles de l'ANVP, ces derniers étant jugés illégitimes à intervenir auprès de condamnés, car non professionnels. Elles ont même été jusqu'à soulever un mouvement social au sein de l'Administration pénitentiaire, qui a retardé le lancement de l'expérimentation sur trois des territoires cités. Les expérimentations ont finalement été lancées, avec une réussite particulière à Nancy, qui a fait l'objet d'un contrat d'accompagnement entre l'ANVP, le CPIP et la personne accompagnée.

Cette expérience montre que la collaboration entre les associations et l'Administration pénitentiaire n'est pas toujours évidente, du fait d'un manque de légitimité perçu par les professionnels du secteur. On le comprend, entrer en contact avec un public fragilisé requiert une posture professionnelle ainsi qu'une formation préalable. C'est pourquoi les prérequis cités ci-dessus sont nécessaires, non seulement pour protéger les bénévoles et personnes accompagnées, mais également pour rassurer les professionnels du secteur.

C. L'expérience d'Emmaüs Lespinassière

Samuel Gautier témoigne de son expérience en tant que porteur de projet sur le placement extérieur. À son sens, la plus grande difficulté est la dépendance vis-à-vis des administrations[1]. La première difficulté, notamment sur le modèle de Moyembrie qui est à la fois un chantier d'insertion, de placement extérieur, une structure

1. M. Samuel GAUTIER, fondateur du projet Emmaüs Lespinassière, entretien le 16 août 2017.

d'hébergement, est qu'il faut traiter avec différents services de l'État, et chacun a ses objectifs, ses contraintes, organisations. Il faudrait pouvoir avoir un seul interlocuteur pour être plus efficace.

La deuxième difficulté relative à la dépendance de la structure vis-à-vis des institutions est l'inadéquation des contraintes imposées avec l'objet social de la structure. Faute d'avoir assez de terrain pour que le modèle économique repose sur des activités maraichères, l'équipe avait réfléchi à diversifier ses activités en développant une activité de gîtes touristiques sur le site. L'Administration pénitentiaire s'est montrée hostile à ce qu'une activité touristique soit gérée par des anciens détenus, cette partie du projet a donc été abandonnée. La Direccte, qui finance une partie du coût salarié des détenus en insertion, a également posé ses conditions. En termes de réinsertion socio-professionnelle, elle demande des pourcentages de sorties positives, de sorties dynamiques... Alors que le public accueilli est très éloigné du marché de l'emploi. Ces critères devraient être adaptés au public cible du programme. La Direction Interrégionale des Services Pénitentiaires de Toulouse a elle aussi imposé des conditions. Elle a refusé que les détenus puissent accueillir leurs familles sur site, ce qui remet considérablement en cause l'objet social du projet : permettre aux détenus de recréer du lien social, en renouant avec leurs proches. Face à ces décisions, les porteurs de projets n'ont aucun levier d'action, s'ils veulent ouvrir il faut accepter les compromis, même s'ils vont à l'encontre de leur objet social. Samuel Gautier le sait « Tout l'enjeu c'est les finances, à partir du moment où t'es autonome, t'es en position de force pour négocier ». Mais la structure est toujours en réflexion quant à son modèle économique, qui repose aujourd'hui sur un financement de l'Administration pénitentiaire et de la Direccte pour les trois prochaines années.

La troisième difficulté est la manière dont l'Administration pénitentiaire appréhende ses relations avec les associations. Samuel Gautier raconte que les rapports avec la Direction des Services pénitentiaires de Toulouse étaient bons au début et se sont détériorés depuis. Par curiosité, l'entrepreneur leur a demandé sur quelles relations reposait leur travail, ces derniers les ont qualifiés de « prestataires ». Cette qualification a particulièrement choqué les porteurs de projet qui pensaient établir une relation de travail basée sur la confiance et la coopération et non simplement sur des accords commerciaux.

Pour que les citoyens trouvent leur place dans la justice pénale et soient en mesure d'agir, il faut être attentif aux défis de la société civile sur le montage de projets en lien avec l'Administration pénitentiaire et le rôle que les bénévoles peuvent avoir dans la peine. Un des défis est également de donner envie aux citoyens de s'impliquer dans la justice pénale. Pour y arriver, un collectif d'association a décidé de mener un panel d'actions de sensibilisation du grand public aux enjeux de la justice. L'approche du plaidoyer a souvent été utilisée par l'Observatoire International des Prisons par exemple, aujourd'hui ce collectif a décidé d'avoir une approche plus inclusive, à travers des événements qui créent la rencontre, rassemblent et incitent à la discussion pour mieux s'informer et donner envie d'agir.

D. Décode Pénal : un exemple d'intégration des citoyens par les citoyens [1]

Fin 2016, « Chantiers-Passerelles » a lancé des actions sensibilisation du grand public à la justice pénale, aux limites de son modèle et aux alternatives à la prison existantes. L'association organise chaque mois des « apéro-justice », ce sont des ateliers d'une heure et demie animés par un volontaire au cours desquels les participants sont invités à réfléchir, débattre sur un thème, comme les alternatives à la prison, le procès pénal, la prison en France, la figure du délinquant, l'état de santé et la catégorie sociale des personnes incarcérées. L'idée derrière ces ateliers est que la société civile puisse se réapproprier le domaine de la justice pénale, qu'elle soit informée, consciente des dysfonctionnements et qu'elle découvre son propre pouvoir d'action. Plusieurs actions ont été menées en commun avec l'Observatoire International des Prisons (OIP), organisation non gouvernementale qui agit pour le respect des droits de l'homme en milieu carcéral et un moindre recours à l'emprisonnement. Ils ont co-créé le festival « Décode Pénal » en juillet : quatre actions consécutives de sensibilisation des citoyens à la justice pénale sous des formats de visite, atelier-débat en place publique et quiz.

Décode Pénal est porté aujourd'hui par Chantiers-Passerelles et l'OIP, mais l'ambition est de regrouper tous les acteurs du domaine pour créer un portail d'entrée dans la justice pénale. La mission est d'attirer des citoyens qui ne sont pas avisés sur ces sujets, les amener à comprendre les enjeux et leur donner les moyens d'agir. Les associations du collectif pourront proposer un espace d'action aux personnes sensibilisées par Décode Pénal qui

1. Sylvain LHUISSIER, fondateur de l'association Chantiers-Passerelles, Lyon, entretien le 28 avril et 20 juillet 2017.

souhaitent s'investir dans la cause. Car aujourd'hui la plupart des gens n'ont pas conscience qu'ils peuvent agir dans ce domaine, et Chantiers-Passerelles n'a pas forcément un espace d'action à proposer aux bénévoles, c'est pourquoi la mutualisation a du sens.

L'ambition de Décode Pénal est de créer une communauté de personnes qui pensent qu'il est important de se réapproprier la justice pénale. Il faut que ces communautés se multiplient localement, qu'elles gagnent en autonomie et qu'elles puissent proposer des formats d'actions répétitifs et dont l'efficacité est prouvée, à la manière de Makesense[1]. Les antennes locales seraient portées par des associations locales et animées par des bénévoles qui mèneraient des actions de sensibilisation, comme des apéros-justice, et mobiliseraient les personnes sensibilisées sur des missions d'aide à la réinsertion des condamnés.

L'activité, essentiellement portée par les citoyens (bénévoles et volontaires)[2], devrait rester peu coûteuse. Néanmoins, un rôle de coordination et d'animation de réseau doit être pérennisé, pour pouvoir proposer un appui, une formation, des supports de communication aux bénévoles localement ainsi qu'assurer une continuité des partenariats. Pour y arriver, les possibilités sont multiples :

- demander une contribution financière aux participants (quelques euros par événement) : pour montrer que ce sont des événements de qualité et engager les personnes dans la démarche. Cela permet également à l'équipe d'organisation de se contraindre à proposer quelque chose de qualité.

---

1. Une communauté internationale qui aide des entrepreneurs sociaux à résoudre leurs défis.
2. Sylvain LHUISSIER, fondateur de l'association Chantiers-Passerelles, Lyon, entretiens le 28 avril et 20 juillet 2017.

• demander une contribution financière aux associations membres du collectif : ces dernières peuvent prévoir un pourcentage sur leur levée de fonds qui reviendrait aux actions de sensibilisation de Décode Pénal. Présenter dans le budget d'un projet d'alternative à la prison une ligne dédiée à la sensibilisation du grand public aurait du sens.

Section 3. Une influence sur la politique pénale

Pour finir, il s'agit d'envisager les effets de l'implication citoyenne sur la politique pénale. On l'a vu, les actions de la société civile permettent de promouvoir l'implication citoyenne pour faire changer de regard, elles redonnent du sens à la peine en proposant des peines alternatives tournées vers la réparation et la réinsertion et redonnent du contenu à la peine privative de liberté. La société civile montre la voie à l'État pour une justice pénale plus juste et efficace. Pourtant, les initiatives existantes, bien que dans une dynamique d'essaimage, ne pourront rien si l'État ne prend pas le relais et ne leur donne pas les moyens d'assurer une transition à grande échelle. Les moyens manquent aujourd'hui, car les priorités de l'Administration pénitentiaire sont toujours à la construction de nouvelles prisons. Mais demain, si l'État prend conscience de la voie qui a été ouverte par les citoyens et des moyens nécessaires à la duplication des initiatives existantes, la justice pénale pourra redevenir humaine et réconciliatrice.

Pour cela, les mesures à prendre ne sont pas seulement financières, mais également structurelles. En effet, les personnes interrogées s'accordent à dire que l'État doit s'engager massivement aux côtés des associations qui portent des projets de création de structures d'accueil et les soutenir financièrement. Elles soulignent également que l'État pourrait prendre plusieurs décisions sans avoir à dépenser plus d'argent pour leur mise en œuvre.

Parmi les idées proposées par les acteurs de terrain, la dépénalisation de certaines infractions pénales, la promotion des aménagements de peine et le recours limité à la détention provisoire seront développés.

§ 1. La dépénalisation : une solution à la crise de la justice pénale

Robert Cario, criminologue et initiateur de la Justice restaurative en France, propose une solution radicale pour sortir de la crise de la justice pénale. À son sens, la peine privative de liberté est indispensable, il faut rénover des prisons pour offrir des conditions décentes aux détenus, mais cette dernière doit être réservée aux personnes qui présentent un réel danger pour la société[1]. Pour cela, il propose la dépénalisation de 80% des délits et infractions qui ne sont pas graves. Car aujourd'hui, ce qui atteint le système c'est le problème du « trop ». Les professionnels sont dépassés par le nombre de personnes condamnées par la justice pénale, ils ne peuvent plus faire un travail qualitatif et s'occuper des cas les plus graves pour protéger la société. À l'inverse, ils mélangent les criminels et les délinquants mineurs, ce qui amène une augmentation de la délinquance et un taux de récidive important. Robert Cario parle de mesure politique qui demande du courage, or « le courage n'est pas de cette époque ». Ce courage politique incombe aux citoyens, qui d'après lui sont les seuls responsables, car « nous avons le système de justice pénale que nous méritons ». Il réfute l'idée selon laquelle les juges enferment trop, car ils ne font qu'appliquer la loi, votée par le législateur élu par les citoyens. Pour lui, « il

1. Robert CARIO, Professeur émérite de Criminologie et fondateur de l'IFJR, Paris, entretien le 3 mai 2017.

faut rendre au contentieux ce que par populisme on a pénalisé ». Les 20% restants, c'est tout ce qui est de nature à remettre en cause la pérennité du groupe. Alors que les 80% représentent aujourd'hui des manquements à la discipline sociale, des infractions qui ne devraient pas être du ressort de la justice pénale. Cette décision politique doit être portée par les citoyens, et pourra amorcer la transition dont la justice pénale a besoin.

§ 2. Promouvoir les aménagements de peine

Dans la tribune du Monde « Nos prisons sont des concentrés de misère », Samuel Gautier et Thierry Kuhn, président d'Emmaüs France, font des propositions pour lancer une transition sur la justice pénale[1]. Ils font un véritable plan d'action. Dans la lignée des revendications de Robert Cario, les deux signataires s'offusquent de voir des personnes emprisonnées pour avoir commis des faits n'ayant pas constitué d'atteintes aux personnes. « Il est en effet une aberration de savoir aujourd'hui ces personnes emprisonnées alors même que des peines de réparation, comme le travail d'intérêt général par exemple, existent dans notre arsenal législatif ». Par conséquent, les deux hommes veulent promouvoir un aménagement de peine massif pour ce type de public. Cette décision pourrait limiter l'effet destructeur de la prison et l'escalade dans la délinquance qu'il peut y avoir chez des personnes qui sont rentrées en prison pour des délits mineurs. Elle permettrait de désengorger les prisons, et d'investir les moyens conférés à l'enfermement de ces personnes dans les structures d'aménagement de peine.

---

1. Le Monde.fr, « Nos prisons sont des concentrés de misères », T. K. président E. F. et S. G. (réalisateur du documentaire A. l'air libre), 17-août-2016.

§ 3. Limiter le recours à la détention provisoire

Les prévenus représentent aujourd'hui près de 30% des personnes incarcérées. Le recours à la détention provisoire a toujours été très utilisé par les juges. Pour cause, en 1981, la proportion de prévenus par rapport au public détenu était de 44,2%. Des efforts pour éviter de recourir à la détention provisoire ont été faits pendant 30 ans pour arriver à 22% en 2011 [1]. Pourtant, on assiste à un regain de la détention provisoire depuis 2015, avec une augmentation du nombre de prévenus de 10% entre 2015 et 2016. Depuis janvier 2016, la reprise de l'inflation carcérale est due essentiellement à une augmentation du recours à la détention provisoire. Réduire le recours à la détention provisoire permettrait également de désengorger les prisons et de limiter la surpopulation carcérale dans les maisons d'arrêt.

1. Farapej, « Contre-rapport pour en finir vraiment avec la surpopulation carcérale », 2016.

Conclusion

Afin d'envisager une réponse à la problématique posée, l'accent sera mis sur les points abordés tout au long de ce livre par les acteurs interrogés et qui ont particulièrement retenu l'attention. Ils constituent une véritable voie à emprunter pour permettre à la justice d'être plus crédible, efficace et humaine. Les personnes interrogées l'ont rappelé : les solutions existent. Que ce soient les dispositifs légaux comme les aménagements de peine ou les initiatives inclusives de la société civile, les solutions sont présentes sur notre territoire et prouvent chaque jour que le chemin est tracé et qu'il ne reste qu'à l'emprunter.

La réflexion s'est arrêtée sur trois étapes clés qui permettront de repenser progressivement le système de justice pénale. Elles s'adressent à tous les acteurs de la justice pénale, qu'ils soient privés ou publics et à la société tout entière qui doit reconnaître les limites de notre système carcéral et pénal et prendre conscience de son potentiel d'action en tant que citoyen.

Ce cheminement passera par le fait d'admettre les limites de la punition en tant que finalité de la peine, l'implication des citoyens dans la justice pénale et une coopération accrue entre tous les acteurs de la justice.

1. Admettre les limites de la punition

Les chiffres parlent, les exemples sont criants, la prison telle qu'elle est aujourd'hui appliquée poursuit un seul objectif : celui de faire payer le prix de ses actes. Punir fait partie de notre culture, dès l'enfance la punition apparaît comme un élément dissuasif, elle montre les exemples à ne pas suivre, culpabilise ceux qui ont osé enfreindre les règles. On punit à l'école, on punit à la maison, on punit en colonie de vacances. La punition est partout et participe à notre construction. Oui, la punition peut être constructive, car elle est tournée vers l'avenir, elle permet d'avertir, de faire comprendre, elle permet d'éduquer. Mais on ne punit pas pour punir. La punition n'a de sens que si elle intervient dans un but pédagogique et bien qu'elle soit omniprésente dans notre société, elle n'est jamais une finalité.

Dans la justice pénale, la peine privative de liberté revêt un caractère punitif. Dans le même temps, elle doit concourir à la réinsertion de la personne condamnée. On peut voir ici que le principe selon lequel on ne punit pas pour punir est théoriquement respecté. Pourtant, le contenu de la peine laisse difficilement paraître le caractère constructif de la punition et l'histoire a montré qu'elle avait des effets destructeurs.

Il faut alors admettre que la peine d'emprisonnement, dans ses conditions actuelles d'application, est simplement punitive. Il faut admettre que la seule punition entraîne des effets irrémédiables sur les individus. Il faut admettre que ces effets ne feront qu'accentuer l'insécurité et les inégalités sociales dans notre pays. Il faut admettre que les personnes condamnées ont le droit de se construire un avenir et qu'il est de notre responsabilité de le leur permettre. L'admettre, c'est s'autoriser à penser les choses différemment et libérer la justice pénale.

2. Impliquer les citoyens dans la justice pénale

Comme on l'a vu, la politique pénale a une influence directe sur la manière dont sont traités les justiciables de notre société. Or la politique est directement influencée par l'opinion publique, c'est-à-dire le reflet de la population à travers des sondages d'opinion utilisés par nos dirigeants. L'opinion publique est elle-même très largement influencée par le traitement de l'information que font les médias, des faits divers et du terrorisme, en matière sécuritaire. Pour contrebalancer cette désinformation, il est important que les citoyens avertis deviennent des portes-parole de la réalité de l'incarcération et des enjeux de la justice pénale, car les chiffres et les expériences ne manquent pas, mais elles ne sont jamais relayées par les médias ni par les hommes et femmes politiques. Etre porte-parole, c'est se servir de modes d'expressions à notre portée pour diffuser un message qui est court-circuité par la politique. Donner la parole aux personnes concernées à travers des films, créer la rencontre et le débat sur ces sujets de société, ce sont différents moyens à disposition pour sensibiliser les citoyens et aider à changer de regard.

Avant de sensibiliser aux enjeux de la justice pénale, il est important de permettre aux citoyens d'être informés sur le type de personnes qui sont confrontées à la détention. Quel message leur faire passer ? Il faut démentir le fait qu'il n'y a que des criminels en prison alors que ces derniers concernent uniquement 0,5% des condamnations par la justice pénale. Une simple information sur la catégorie socioprofessionnelle des détenus, leur origine, le type d'infraction commise est déjà une première étape de sensibilisation. Cette étape est importante, car elle permet de se rendre compte que les informations de masse qui sont relayées laissent à penser que la prison est égale au crime, ce qui est le plus moralement condamnable, et qui pousse à se désintéresser au sujet, alors que la réalité est tout autre.

Informer constitue la première étape. Ensuite, il faut montrer en quelle mesure le système de justice pénale est inefficace. Samuel Gautier en parlait, la société a changé, et il faut adapter le message au contexte d'aujourd'hui. Depuis trente ans, l'OIP porte des actions de sensibilisation au grand public sur les conditions d'incarcération des détenus. Ils font des plaidoyers et des recours à la CEDH pour que la France soit condamnée pour les conditions inhumaines de détention. Ils plaident pour des conditions dignes et respectueuses des droits de l'Homme. Mais cet argument peine de plus en plus à convaincre. Pour interpeller, la population a besoin d'arguments plus pragmatiques. Il faut informer sur le coût de la détention et sur les chiffres de la récidive. Il faut montrer que l'Administration pénitentiaire n'est pas en mesure d'assurer la mission de réinsertion des personnes sous main de justice qui lui est confiée. Ces informations sont importantes, car elles font prendre conscience de la place du citoyen dans la justice pénale. En effet, l'Administration pénitentiaire ne peut assurer la mission de réinsertion pour plusieurs raisons. D'abord, la réinsertion ne peut être du ressort d'une administration, elle concerne la population et les rapports humains qui sont créés au sein de cette société. Ensuite, car le travail de coordination qui pourrait être fait par les SPIP pour favoriser la réinsertion est fragilisé par des moyens trop faibles et une surpopulation carcérale grandissante.

Les initiatives citées dans les développements sont des moyens très concrets de s'investir auprès des personnes en difficulté. Il y a les aménagements de peine en placement extérieur, où les citoyens peuvent se porter bénévoles pour accompagner une personne sous main de justice dans des activités culturelles, sportives ou à lui apporter un soutien dans l'organisation de sa vie quotidienne. Le citoyen peut simplement souscrire à l'AMAP de la ferme et échanger chaque semaine avec les résidents au moment de la récupération des paniers. Il peut se porter bénévole pour aider la structure à lever des fonds ou à mobiliser son réseau pour trouver de nouveaux partenariats utiles à la réinsertion. Il peut, en tant que professionnel, s'engager à recruter des sortants de prison ou devenir tuteur de TIG. Il peut organiser des actions de sensibilisation autour de chez lui, dans son entreprise, dans son quartier en diffusant des films ou organisant une conférence. Il peut devenir membre de la communauté en justice restaurative et participer à des rencontres détenus/victimes et soutenir des victimes et des infracteurs. Le citoyen bénévole peut aussi être la personne qui travaille au sein des administrations et qui sait être à l'écoute des besoins, s'entourer et s'ouvrir à la coopération avec des citoyens non professionnels de la justice. Le panel d'actions est large et peut s'étendre à l'infini, à partir du moment où les structures support sont présentes et laissent une place aux bénévoles.

S'impliquer, c'est aussi croire que les solutions qui existent méritent d'être dupliquées pour permettre à un plus grand nombre de PPSMJ d'en bénéficier. Le citoyen doit se sentir légitime d'entreprendre dans ce domaine et de s'entourer pour créer de nouvelles structures au concept existant.

3. Accentuer la coopération entre tous les acteurs de la société

Pour changer les choses, il faudra en plus de l'implication citoyenne et de la reconnaissance des échecs de la punition, apprendre à travailler en collectif. Marc Renart le soulevait, les acteurs de la justice travaillent en silos. Alors que la société civile propose des alternatives à la prison en partenariat avec le SPIP, les juges d'application des peines ou les magistrats n'ont pas forcément connaissance de ces solutions. Les acteurs gagneraient à être informés des particularités de chaque métier, des personnes qu'ils ont sous leur responsabilité. Il faudrait créer des petites commissions de professionnels qui s'engageraient pour une durée d'un an à chercher des solutions pour limiter le recours à l'incarcération et lutter contre la récidive. Ces commissions permettraient de mettre en commun un certain nombre d'informations entre les SPIP, les JAP, les magistrats, les associations porteuses d'initiatives, pour mieux connaître les solutions existantes et les besoins de chaque corps de métier.

La société civile a la capacité d'impulser un changement de paradigme au sein même du système judiciaire. On voit déjà une influence positive des associations sur l'administration, comme pour le projet Dedans-dehors, qui a vu les rapports personnel/détenu évoluer au cours de son projet, ou le programme Devenirs qui est allé à la rencontre des magistrats, trop peu souvent sollicités. On voit que cette impulsion de la société civile permet déjà de travailler plus efficacement et de retrouver un rapport humain entre les professionnels de la justice. Ce lien avec les professionnels permet également de porter les peines alternatives ainsi que toutes les mesures prévues par la loi pas toujours bien valorisées, comme les aménagements de peine, dont le temps trop court ne permet pas aux personnes sous main de justice d'en tirer tous les bénéfices. La société civile a un rôle très important à jouer pour aller dans ce sens. Elle peut, en plus de créer la rencontre entre les acteurs de la justice, faire le lien avec les acteurs économiques, financeurs ou recruteurs, qui doivent également prendre leurs responsabilités et s'impliquer dans la justice pénale. En effet, le fait de travailler en coopération permet également de trouver de nouvelles manières, hybrides, de soutenir les projets qui à la seule contribution de l'Administration pénitentiaire ne peuvent pas exister. La société civile est l'acteur qui peut impulser de nouvelles façons de travailler qui bénéficieront aux professionnels de la justice, aux infracteurs, aux victimes, ainsi qu'à l'ensemble de la société.

Bibliographie

Ouvrages

Cario R., P. Mbanzoulou (Dir.), *La justice restaurative une utopie qui marche ?* L'Harmattan, 2010.

Cario R., La justice restaurative, *In Répertoire pénal*, Ed. Dalloz, 2018.

Durkheim E., *De la division du travail social,* PUF, coll. Quadrige, 1991.

Fassin D., *Punir une passion contemporaine*, Seuil, Paris, 2017.

Foucault M., *Surveiller et punir,* Gallimard, Paris, 1993.

Jablonka I., *Laetitia ou la fin des hommes,* Seuil, Paris, 2016.

Simmel G. *Philosophie de l'argent*, Quadrige, 1900.

Snacken S., *Prisons en Europe*, Larcier, Bruxelles, 2013.

Torchio M., *Sur l'île une prison*, Denoël, 2016.

Articles

Farapej, « Contre-rapport pour en finir vraiment avec la surpopulation carcérale », 2016.

IFJR, « Formation Devenir Membre de la Communauté », *support de formation*, 2017.

Journée Nationale Prison, « Fiche statistique », 2017.

Justice.gouv, « Administration pénitentiaire en France ».

Lalande P., « Punir ou réhabiliter des contrevenants ? Du « Nothing Works » au « What Works » », *Direction du développement et du conseil en services correctionnels*, Québec, 2006.

Le Monde.fr, « Nos prisons sont des concentrés de misères », T. K. président E. F. et S. G. (réalisateur du documentaire A. l'air libre), 17-août-2016.

Lien social, « Casabianda une prison corse unique en Europe » n°847, 5 juillet 2007.

Renart M., « Les citoyens intègrent les citoyens », *Article Pénitentiaire*, 2013.

Filmographie

« A l'air libre », Nicolas Ferran et Samuel Gautier, 2016.

« 10e Chambre Instants d'Audience », Raymond Depardon, 2004.

« L'avocat de la terreur », Barbet Schroeder, 2007.

« La tête haute », Emmanuelle Bercot, 2014.

« Le pardon et la justice restaurative », France 2, 2017 http://pluzz.francetv.fr/videos/mille_et_une_vies_saison1_,156908414.html.

« Prisons ouvertes, un pas vers la réinsertion ? », Bernard Nicolas, 2014, https://www.youtube.com/watch?v=QSDUVUUDVE4.

« Prisons : l'écrou et ses vices #DATAGUEULE 61 », Data Gueule, 2016 https://www.youtube.com/watch?v=AtI_CQuBxlI.

« Réinsertion, des prisons pas comme les autres », Joanna Cockerelle, 2017, http://www.france24.com/fr/20170707-sept-jours-france-prison-ile-re-reinsertion-france-detenus?ref=fb.

« Visages défendus », Catherine Rechard, 2016.

SITOGRAPHIE :

A. N. des V. de Prison, « Accueil ANVP - Association Nationale des Visiteurs de Prison ». Disponible sur : http://www.anvp.org/ [Consulté le: 7-août-2017].

ARES « Accueil Groupe ARES ». Disponible sur : http://www.groupeares.fr/ [Consulté le: 9-août-2017].

Fédération des acteurs de la solidarité, « Le placement à l'extérieur, un aménagement de peine à développer ! » Disponible sur : http://www.federationsolidarite.org/index.php/positions-de-la-fnars-justice/224-positions-de-la-fnars/3162-placementexterireurdevelopper [Consulté le: 13-août-2017].

France Inter., « Robert Badinter, un plaidoyer contre la peine de mort », Disponible sur : https://www.franceinter.fr/emissions/les-grands-discours/les-grands-discours-16-juillet-2017 [Consulté le : 18-juillet-2017].

Genepi « GENEPI : Groupement Etudiant National d'Enseignement aux Personnes Incarcérées » Disponible sur : http://www.genepi.fr/ [Consulté le : 7-août-2017].

IFJR, « Généralités sur la justice restaurative », 10 mars 2015. Disponible sur : http://www.justicerestaurative.org/fr/article/generalites-sur-la-justice-restaurative [Consulté le : 9-oct-2016].

IFJR, « FORMATION - Devenir membre de la communauté », 18-mars-2015, Disponible sur : http://www.justicerestaurative.org/fr/formation-devenir-membre-de-la-communaute [Consulté le : 27-février-2017].

IFJR, « Généralités sur la justice restaurative », 10-mars-2015. Disponible sur : http://www.justicerestaurative.org/fr/article/generalites-sur-la-justice-restaurative [Consulté le : 09-oct-2016].

IFJR, « Robert CARIO (Président de l'Institut) », 19-mars-2015. Disponible sur : http://www.justicerestaurative.org/fr/article/robert-cario-president-de-linstitut [Consulté le : 09-oct-2016].

IFJR, « Les résultats de la Justice restaurative » 10-mars-2015. Disponible sur :

http://www.justicerestaurative.org/fr/article/les-resultats-de-la-justice-restaurative [Consulté le : 28-août-2017].

IFJR, « La Circulaire du 15 mars 2017 relative à la mise en œuvre de la justice restaurative. Analyse et discussion », 27-juill-2017. Disponible sur : http://www.justicerestaurative.org/fr/la-circulaire-du-15-mars-2017-relative-la-mise-en-oeuvre-de-la-justice-restaurative-analyse-et [Consulté le : 12-août-2017].

Justice.gouv, « Le placement à l'extérieur », Disponible sur : http://www.justice.gouv.fr/prison-et-reinsertion-10036/la-vie-hors-detention-10040/le-placement-a-lexterieur-11995.html [Consulté le : 13-août-2017].

L'Obs., « Prison : la vraie peine d'Emmanuel Macron », 28 avril 2017. Disponible sur : http://tempsreel.nouvelobs.com/presidentielle-2017/20170428.OBS8704/prison-la-vraie-peine-d-emmanuel-macron.html [Consulté le : 27-août-2017].

Le Figaro, « Combien coûte un détenu en France ? », 5 décembre 2014, Disponible sur : http://www.lefigaro.fr/actualite-france/2014/12/05/01016-20141205ARTFIG00181-combien-coute-un-detenu-en-france.php, [Consulté le : 27-mai-2017].

Légifrance, « *Code pénal - Article 130-1*, vol. 130-1 », Disponible sur : https://www.legifrance.gouv.fr/affichCodeArticle.do?idArticle=LEGIARTI000029363615&cidTexte=LEGITEXT000006070719 [Consulté le : 27-mai-2017].

Légifrance, « Code pénal - Article 132-24, vol. 132-24 », Disponible sur : https://www.legifrance.gouv.fr/affichCodeArticle.do?cidTexte=LEGITEXT000006070719&idArticle=LEGIARTI000021330927&dateTexte=20120911 [Consulté le : 29-mai-2017].

Service Public, « Travail d'intérêt général (TIG), service-public.fr ». Disponible sur : https://www.service-public.fr/particuliers/vosdroits/F1407 [Consulté le : 18-juillet-2017].

Wake up Café « Association Wake up Café (WKF) - Site officiel ». Disponible sur : https://www.wakeupcafe.org/ [Consulté le : 5-juillet-2017].

Entretiens

Mme Armelle DUBOIS, cheffe de projet Dedans-Dehors, Paris, le 9 août 2017.

Mme Delphine PETIT, responsable insertion chez Wake up Café, Paris, le 5 juillet 2017.

M. Marc RENART, fondateur du programme Devenirs, Lyon, le 12 juillet 2017.

M. Martin DURIGNEUX, fondateur de l'association Anciela, Lyon, le 9 mai 2017.

Mme Nora BOUGUERNE, cheffe de projet chez Devenirs, Lyon, le jeudi 20 juillet 2017.

M. Robert CARIO, Professeur émérite de Criminologie et fondateur de l'IFJR, Paris, le 3 mai 2017.

M. Samuel GAUTIER, fondateur du projet Emmaüs Lespinassière, le 16 août 2017.

Mme Sophie, volontaire chez Chantiers-Passerelles, Lyon, le 19 juillet 2017.

M. Stéphane SIMON, aumônier de la prison de St Quentin Fallavier et membre de l'ARAAJR, Lyon, le 30 janvier et 11 juillet 2017.

M. Sylvain LHUISSIER, fondateur de l'association Chantiers-Passerelles, Lyon, le 28 avril et 20 juillet 2017.

M. Thierry JOLLIVET, membre de l'ANVP, Niort, le 12 juillet 2017.

Liste des abréviations

AMAP : Association de Maintien pour une Agriculture Paysanne.
ANVP : Association Nationale des Visiteurs de Prison.
AP : Administration Pénitentiaire.
CAF : Caisses d'Allocations Familiales.
CAR : Cercle d'Accompagnement et de Ressources.
CPIP : Conseiller Pénitentiaire d'Insertion et de Probation.
CSR : Cercle de soutien et de responsabilité.
DIRECCTE : Direction Régionale des Entreprises de la Concurrence de la Consommation du Travail et de l'Emploi.
DISP : Direction Interrégionale des Services Pénitentiaires.
GENEPI : Groupement Etudiant National d'Enseignement aux Personnes Incarcérées.
IFJR : Institut français pour la justice restaurative.
JR : Justice Restaurative.
OIP : Observatoire International des Prisons.
PPSMJ : Personnes Placées Sous main de Justice.
RCV : Rencontre Condamnés Victimes.
RDV : Rencontre Détenus Victimes.
SIAE : Structure d'Insertion par l'Activité Economique.
SMPR : Services Médico-Psychologique Régional
SPIP : Service Pénitentiaire d'Insertion et de Probation.
TIG : Travail d'Intérêt Général.
UCSA : Unité de Consultation et de Soins Ambulatoires.
UVF : Unité de Vie Familiale

Table des matières

LITTÉRATURE GÉNÉRALE,
AFFAIRES, CRIMINALITÉ, ENQUÊTES, JUSTICE, POLICE
AUX ÉDITIONS L'HARMATTAN

Dernières parutions

LE PROCÈS DE MADAME BASSARABO
La ténébreuse affaire de "l'Amazone rouge"
Michel Leroy
Qui a tué Georges Bassarabo ? En août 1920, la police a découvert son cadavre dans une malle expédiée par le train. Sa femme est arrêtée. Née Louise Grouès, tante de l'Abbé Pierre, elle était connue comme militante féministe, auteure d'une oeuvre littéraire abondante, sous le nom d'Héra Mirtel. Etait-ce un crime passionnel ? Un crime d'intérêt, lié aux affaires troubles de la victime ? Le passage à l'acte d'une féministe radicale ? Dans son enquête appuyée sur des archives inédites, Michel Leroy tente de dénouer les fils de cette ténébreuse affaire.
(370 p., 29 euros)
ISBN : 978-2-343-14496-2, EAN EBOOK : 9782140092176

LES TECHNIQUES D'ENQUÊTE CRIMINELLE
Typologie des crimes et constatations médico-légales
Jean-Pierre Moutassi
L'adoption de la loi de Juillet 2005 portant sur la procédure pénale démontre la volonté du gouvernement camerounais à promouvoir un état de droit. Voici un outil fondamental pour les praticiens du droit criminel : un outil de formation pour les jeunes fonctionnaires, ainsi que pour leurs aînés qui n'auraient pas eu l'occasion de vivre l'expérience des enquêtes judiciaires.
(Coll. Harmattan Cameroun, 498 p., 45 euros)
ISBN : 978-2-343-13126-9, EAN EBOOK : 9782140052248

UNE JUSTICE QUI VOUS BROIE... AFFAIRE ME LYDIENNE YEN EYOUM
Une justice sous influence
Black Yondo
Préface du Bâtonnier Christian Charrière-Bournazel - Postface du Bâtonnier Patrice Monthe
Le procès intenté contre Mme Lydienne Yen Eyoum constitue un scandale juridique en même temps qu'une atteinte aux droits de la personne humaine les plus sacrés compte-tenu des conditions de sa détention et des traitements inhumains qu'elle a subis. Pour Me Black Yondo, ce livre constitue un cri de révolte et un témoignage sur la vérité des faits pour la mémoire de l'histoire.
(Coll. Grandes figures d'Afrique, 128 p., 14,5 euros)
ISBN : 978-2-343-13290-7, EAN EBOOK : 9782140052170

UN CRIME AU MAQUIS
Jura, 1939-1945
Jean-Claude Bonnot
Décembre 1943, c'est le quatrième hiver de l'Occupation qui commence pour la plus grande partie du pays. La Résistance jurassienne a déjà perdu ses premiers chefs, d'autres les ont remplacés alors que l'ennemi et les forces de Vichy ne cessent de resserrer leur étreinte sur les combattants de l'ombre. C'est dans ce contexte qu'un petit maquis s'installa près de Château-Chalon, commandé par un étudiant et un paysan des villages voisins. S'en suivit une étonnante affaire criminelle, suite à la disparition de deux adolescents de Saint-Claude...
(176 p., 19 euros)
ISBN : 978-2-88419-359-7, EAN EBOOK : 9782140052170

L'AFFAIRE SÉGALAT
ou la présomption de culpabilité
Ian Hamel
L'auteur s'appuie sur une abondante documentation et de nombreux témoignages pour démontrer les faiblesses et les erreurs, selon lui, de l'enquête de la police et de la justice du canton de Vaud dans l'affaire Ségalat. Affaire dans laquelle Laurent Ségalat, un généticien du CNRS est accusé du meurtre de sa belle-mère
(192 p., 18 euros)
ISBN : 978-2-88419-272-9, EAN EBOOK : 9782140052170

Structures éditoriales du groupe L'Harmattan

L'Harmattan Italie
Via degli Artisti, 15
10124 Torino
harmattan.italia@gmail.com

L'Harmattan Hongrie
Kossuth l. u. 14-16.
1053 Budapest
harmattan@harmattan.hu

L'Harmattan Sénégal
10 VDN en face Mermoz
BP 45034 Dakar-Fann
senharmattan@gmail.com

L'Harmattan Cameroun
TSINGA/FECAFOOT
BP 11486 Yaoundé
inkoukam@gmail.com

L'Harmattan Burkina Faso
Achille Somé – tengnule@hotmail.fr

L'Harmattan Guinée
Almamya, rue KA 028 OKB Agency
BP 3470 Conakry
harmattanguinee@yahoo.fr

L'Harmattan RDC
185, avenue Nyangwe
Commune de Lingwala – Kinshasa
matangilamusadila@yahoo.fr

L'Harmattan Congo
67, boulevard Denis-Sassou-N'Guesso
BP 2874 Brazzaville
harmattan.congo@yahoo.fr

L'Harmattan Mali
Sirakoro-Meguetana V31
Bamako
syllaka@yahoo.fr

L'Harmattan Togo
Djidjole – Lomé
Maison Amela
face EPP BATOME
ddamela@aol.com

L'Harmattan Côte d'Ivoire
Résidence Karl – Cité des Arts
Abidjan-Cocody
03 BP 1588 Abidjan
espace_harmattan.ci@hotmail.fr

L'Harmattan Algérie
22, rue Moulay-Mohamed
31000 Oran
info2@harmattan-algerie.com

L'Harmattan Maroc
5, rue Ferrane-Kouicha, Talaâ-Elkbira
Chrableyine, Fès-Médine
30000 Fès
harmattan.maroc@gmail.com

Nos librairies en France

Librairie internationale
16, rue des Écoles – 75005 Paris
librairie.internationale@harmattan.fr
01 40 46 79 11
www.librairieharmattan.com

Librairie l'Espace Harmattan
21 bis, rue des Écoles – 75005 Paris
librairie.espace@harmattan.fr
01 43 29 49 42

Lib. sciences humaines & histoire
21, rue des Écoles – 75005 Paris
librairie.sh@harmattan.fr
01 46 34 13 71
www.librairieharmattansh.com

Lib. Méditerranée & Moyen-Orient
7, rue des Carmes – 75005 Paris
librairie.mediterranee@harmattan.fr
01 43 29 71 15

Librairie Le Lucernaire
53, rue Notre-Dame-des-Champs – 75006 Paris
librairie@lucernaire.fr
01 42 22 67 13

www.ingramcontent.com/pod-product-compliance
Lightning Source LLC
LaVergne TN
LVHW021223061026
849535LV00008B/2881